Cómo ser un ciudadano

Últimos títulos publicados en esta colección:

D. J. Siegel, *Viaje al centro de la mente*
P. Bringley, *Toda la belleza del mundo*
C. López-Otín, *La levedad de las libélulas*
M. Jay, *Psiconautas*
K. Kitagawa y T. Revell, *La vida secreta de los números*
S. Magsamen y I. Ross, *Tu cerebro quiere arte*
D. Darling, *¡Buuum!*
A. Comte-Sponville, *Sobre el cuerpo*
N. N. Taleb, *El lecho de Procusto*
J. Kinross, *Materia oscura*
W. Mulligan, *Ser un estoico*
G. Rolón, *El duelo*
G. Elwin, *Las grandes preguntas de los niños*
H. Frappat, *Luz de gas*
b. hooks, *Salvación*
W. Egginton, *El rigor de los ángeles*
L. Kaltenegger, *Mundos extraterrestres*
F. Giraldez, *Un neurocientífico en el Museo del Prado*
E. Fromm, *¿Amamos aún la vida?*
S. Chopra, *Ansiedad*
S. Žižek, *Contra el progreso*
Z. Schlanger, *Las devoradoras de luz*
J. Zaki, *Esperanza para cínicos*
C. Spence, *Gastrofísica*
S. Ayan, *Arquitectos del alma*
O. Laing, *Por el río*
A. Comte-Sponville, *Contra el miedo'*
D. Foroux, *El camino estoico a la riqueza*
J. Olloquequi, *Antiaging para el cerebro*
Byung-Chul Han, *La tonalidad del pensamiento*
L. Zmigrod, *El cerebro ideológico*
M. Villar Martín, *Mirar los cielos*
J. Sellars, *Filosofía helenística*
Byung-Chul Han, *Sobre Dios*
C. L. Skach, *Cómo ser un ciudadano*

C. L. Skach

Cómo ser un ciudadano

Seis lecciones para un mundo nuevo en paz

PAIDÓS Estado y Sociedad

Título original: *How to Be a Citizen*, de C. L. Skach

1.ª edición, octubre de 2025

Paidós es un sello editorial de Editorial Planeta, S. A.
Avda. Diagonal, 662-664
08034 Barcelona, España
www.paidos.com
www.planetadelibros.com

ISBN: 978-84-493-4449-7
Fotocomposición: Realización Planeta
Depósito legal: B. 14.052-2025
Impresión y encuadernación en Gómez Aparicio

Impreso en España – *Printed in Spain*

PEFC Certificado
Este libro procede de bosques gestionados de forma sostenible
PEFC
PEFC/14-38-00305
www.pefc.es

A Raphael y Demara

«[...] las tinieblas se disiparon; brilló la luz, nació el orden del desorden».

JOHN MILTON, *El paraíso perdido*, 1667

SUMARIO

PREFACIO

Recuerdo el día exacto en que finalmente perdí mi fe en las normas formales, en la ley. Fue más o menos cuando aprendí a girar en seco en un todoterreno blindado a ochenta kilómetros por hora y seguí viva para comerme mi ración del día. Cuando practiqué cómo esquivar artefactos explosivos en las carreteras de Amán, adquiriendo la suficiente habilidad para estar de regreso a tiempo de darme una ducha y tomarme un vaso de vino libanés antes de acostarme.

Esta, por supuesto, fue la parte fácil. Corría el otoño de 2008, y yo acababa de graduarme en un curso de supervivencia de dos semanas en el desierto, donde había soldados jordanos y fuerzas de seguridad de la ONU simulando actividades terroristas a fin de prepararme, entre otras cosas, para redactar constituciones. Había viajado a Amán desde Londres justo antes de que comenzaran mis obligaciones docentes para el nuevo curso académico. Acababan de nombrarme catedrática de Gobierno y Derecho Comparados en Oxford, y a lo largo del año siguiente tomaría varias veces más ese mismo vuelo de cinco horas de duración, entre tutorías y conferencias, regresando luego orgullosa para compartir mi experiencia con mis alumnos.

La mañana en la que aprobé mi entrenamiento, un oficial de la ONU con acento del sur de Estados Unidos me felicitó mientras me arrancaba de raíz un mechón de cabello. No se trataba de un ritual de iniciación: era una forma de recoger mi ADN por si posteriormente se encontraba mi cuerpo en fragmentos no identificables de ningún otro modo.

Ahora ya estaba preparada para la parte real de mi trabajo como «experta constitucional», como me llamaban. Esta vez mi destino era Bagdad, donde la Misión de Asistencia de las Naciones Unidas para Irak me había invitado a trabajar en colaboración con iraquíes y kurdos en el Comité para la Reforma Constitucional del Gobierno.

El día del viaje, nuestro avión no estaba ni mucho menos lleno: algunos de los miembros de mi grupo habían suspendido el curso y los habían enviado de vuelta a casa; otros habían abandonado antes de tiempo, necesitados de apoyo psicológico solo para superar el trauma del curso de supervivencia. Me senté en aquel viejo bimotor de hélices, con destino al Aeropuerto Internacional de Bagdad, en compañía de antiguos consejeros jurídicos del Gobierno estadounidense, asesores académicos del Reino Unido favorables a la autonomía de Escocia y Gales y numerosos oficiales subalternos y algunos altos mandos de la ONU procedentes de países de todo el mundo, algunos de los cuales habían dejado atrás a sus familias para aceptar un trabajo bien remunerado en una zona de guerra.

Yo estaba deseando viajar allí. No por el dinero: como consultora a corto plazo, una labor a tiempo parcial que compaginaba con otro trabajo diario, no me pagaban mucho. Pero como experta constitucional, como profesora, pensaba que había alcanzado la cima de mi carrera. Como me había dicho uno de mis alumnos de Oxford: «Está usted redactando constituciones, profesora Skach; no hay nada que pueda superar eso». Al fin y al cabo, las constituciones son las leyes más importantes en una democracia, en un país gobernado por y para el pueblo. Establecen las reglas del juego político. Nos dicen si un país es unitario o federal; si es laico o tiene una filiación religiosa establecida. Nos dicen cómo se elegirá a nuestros dirigentes políticos, cómo y cuándo podemos cambiarlos, quién nos representará y tomará las decisiones para nuestra gobernanza. Y nos dicen no solo cuáles son nuestros derechos como individuos y como miembros de grupos identitarios, sino también cómo cada uno de nuestros países ordena esos derechos en una jerarquía basada en los valores de nuestra nación y cómo nuestro Gobierno va a impedir que esos derechos sean pisoteados. De ahí que con frecuencia se haga referencia a la constitución de un país como su «ley suprema».

No era la primera vez que asesoraba a un país extranjero sobre cuestiones constitucionales. En los inicios de mi carrera había sido una abnegada aprendiz del derecho y había publicado trabajos sobre constituciones, primero como joven estudiante de posgrado junto con mi supervisor académico en la Universidad de Columbia, y más tarde como profesora en la Universidad de Harvard. Me había dirigido a antiguos presidentes y primeros ministros que hacían balance de su propia experiencia; hacía frecuentes viajes para reunirme con miembros de comités constitucionales o jueces de tribunales constitucionales, y recibía a esas mismas élites cuando visitaban mi despacho en Harvard, deseosa de debatir la problemática de sus constituciones. Había pasado mi vida académica hablando de qué tipo de constituciones podían ayudar a florecer a la democracia y cuáles no, y en ese momento me trasladaba a Oxford para volver a hablar de ello, aceptando nuevas invitaciones para asesorar, enseñar y predicar el valor de las buenas leyes.

Irak constituía, sin duda, mi misión más peligrosa y desafiante hasta la fecha. Los iraquíes y los kurdos, bajo los auspicios de la ONU, me habían invitado porque querían saber cómo establecer su arquitectura jurídica de tal forma que los alentara a todos a compartir las vastas reservas de petróleo y gas que solo se encontraban en pequeñas zonas del país. Yo ya había visto cómo había funcionado ese reparto de los ingresos en países como Estados Unidos, Canadá y Brasil.

Estos últimos eran todos ellos países federados, en los que el poder estaba constitucionalmente dividido en diversas regiones (o estados), con un gobierno central que controlaba ciertos ámbitos de las políticas públicas, pero no todos. Irak era un país complejo con una complicada mezcla étnica, religiosa y lingüística de pueblos y con la mayoría de los recursos naturales situados en territorio kurdo. Si esos pueblos querían permanecer unidos como Estado, ya fuera unitario o federal, todos tendrían que estar dispuestos a compartir. Pero esto era más fácil de decir y de teorizar que de llevar a la práctica.

Los iraquíes estaban considerando las ventajas de pasar a un determinado tipo concreto de sistema federal para mantener su país unido. En mi opinión, y en la de bastantes otros, si los demás iraquíes podían aceptar la autonomía kurda en ciertos ámbitos de las políticas públicas, como la lengua, y si a cambio los kurdos podían aceptar compartir un porcentaje razonable de su riqueza derivada del petróleo y el gas con el resto de Irak, habría menos tensiones en general y menos llamamientos kurdos a la independencia. Ninguna otra región de Irak gozaría del mismo grado de autonomía respecto a Bagdad; pero algunas evidencias de otros países nos decían que aparentemente ninguna otra región la necesitaría.[1]

Esta estructura política, que se conoce como *federalismo asimétrico*, parecía funcionar en países como España, donde los movimientos separatistas más o menos violentos habían perdido arraigo entre la población cuando el Gobierno central dio a vascos y catalanes un mayor control sobre sus propias regiones, o autonomías. A los niños vascos y catalanes se les podía educar en su lengua vernácula en lugar de hacerlo forzosamente en castellano.

Los ancianos vascos y catalanes podían leer los letreros de las calles en la lengua que habían aprendido de niños. Vascos y catalanes podían sentir ahora que su cultura e historia se respetaban, y pensábamos que esto disipaba su animadversión contra los políticos de Madrid. Creíamos que mantenía unida a España.[2]

Mientras tecleaba las notas para mi primera reunión, ordenando pulcramente mis datos en una diapositiva de PowerPoint, nuestro avión sufrió algunas turbulencias. Guardé el portátil y cerré los ojos. Intenté imaginar lo que podría aguardarme en Irak. Antiguos colegas que habían estado allí habían compartido su experiencia conmigo, adornada con los suficientes detalles como para provocar envidia. Trabajar en una zona de guerra, en particular redactando leyes y constituciones, era algo que muy pocos de nosotros habíamos hecho. La mera idea de tomar parte en una fundación constitucional resultaba emocionante. Quizá, si les gustaba lo que yo les decía, estaría ayudando a redactar su ley suprema.

Pero lo cierto es que no tenía ni idea de lo que me esperaba.

No tenía ni idea de que, en cuestión de semanas, de mi trabajo en Bagdad ayudando a diseñar una constitución, regresaría al vestíbulo del hotel Le Méridien de Amán que había abandonado solo unos días antes, esta vez llena de rasguños, cubierta de suciedad y oliendo a cloaca. Ni de que eso sería solo el principio.

Recuerdo con toda claridad aquella horrible mañana. Estaba durmiendo en mi campamento de la Zona Internacional cuando, al amanecer, me despertó un ruido tremendo, al que siguió una violenta sacudida. Nuestro campamento había sido alcanzado por un cohete de 240 milímetros que iba destinado a nuestros vecinos de la embajada estadounidense, pero que se quedó corto y nos alcanzó de lleno. Mi instinto de supervivencia y mis dos semanas de entrenamiento entraron en acción, y no eché mano de mi ropa, sino de mi casco y mi chaleco antibalas, junto con mi bolsa de emergencia:

un pequeño saco con suministros básicos y algo de dinero en efectivo. Me quedé sentada a oscuras, en ropa interior y con mi equipo de protección, esperando en aquella habitación revestida de sacos de arena. ¿Cuántos heridos habría? ¿Cuántos muertos? ¿Iban a capturarnos? ¿A matarnos?

Pensé: «¡Así que esto es redactar constituciones...!».

Unos golpes en la puerta me hicieron dar un respingo. Apareció un colega mío, padre de dos niños pequeños que había dejado en Norteamérica. Él estaba bien y venía a ver si yo también lo estaba. Me explicó lo que había ocurrido y que ya no teníamos electricidad en el campamento, ni tampoco agua corriente. Nos iban a evacuar en tanques a una escuela local iraquí reconvertida hacía poco en base de la ONU. Mientras esperábamos las ambulancias, los administradores del campamento nos informaron sobre el ataque: había tres muertos y trece heridos. Hemos salido bien parados, dijeron; podría haber sido mucho peor, y recordaban perfectamente cuándo había sucedido así.[3]

Desde entonces no he dejado de pensar en aquel momento, y seguiré haciéndolo durante el resto de mi vida. Pensé en ello más tarde ese mismo día, mientras chapoteaba entre las aguas residuales en la escuela iraquí ahora reconvertida, donde los supervivientes compartíamos un suministro muy limitado de agua embotellada y los cocineros bangladesíes de la ONU —los que habían sobrevivido al ataque— intentaban reunir algo que comer. Pensé en ello ese mismo día, más tarde aún, mientras me subía a un tanque con tres soldados estadounidenses armados hasta los dientes y me conducían por el callejón de los francotiradores hasta el Aeropuerto Internacional de Bagdad. Pensé en ello mientras sorbía agradecida el Gatorade de naranja que me dieron y contemplaba por la diminuta ventanilla el paisaje de aquella cuna de la civilización.

Salí de aquel callejón sintiéndome no solo traumatizada, sino también culpable. Porque en ese momento volvieron a mi mente los rostros de los jeques que había conocido, de los ministros iraquíes y kurdos que me habían acogido y me habían ofrecido té de lima negra, y comprendí que nada ni nadie podía ayudar a aquellas gentes salvo ellas mismas. Ninguna ley extranjera, ninguna norma. Y cualquier constitución que yo u otros intentáramos animarlos a adoptar posiblemente no haría sino empeorar las cosas, y puede que ya lo hubiera hecho. Porque, en última instancia, las leyes, las normas y las constituciones se parecen mucho a los trasplantes de células madre entre humanos. Sin la terapia previa al trasplante que prepara a los pacientes, especialmente a los que padecen problemas médicos de larga duración, las complicaciones derivadas de la introducción de cuerpos extraños en el organismo pueden resultar catastróficas. Asimismo, pensaba ahora, podría ocurrir con las leyes. Y no solo en Irak. En todas partes.[4]

Fue allí, en aquel tanque, rodeada de tres soldados estadounidenses, donde cambió mi carrera. Allí reconocí por fin algo que siempre había intuido, pero que había reprimido: que las leyes superiores, y las normas en general, pueden constituir en sí mismas el germen de la propia destrucción del buen orden.

Primera parte

EL PROBLEMA

INTRODUCCIÓN

Mi propia vida como adulta promotora del derecho constitucional probablemente empezó con la caída del Muro de Berlín. Acababa de terminar mi licenciatura, y a mi alrededor el mundo se ensanchaba. Pinochet acababa de perder el plebiscito sobre la continuidad de su dictadura, y el Cono Sur del continente americano se distanciaba de sus militares. Mijaíl Gorbachov, en otro hemisferio, acababa de anunciar la glásnost, su política de debate abierto sobre el estado político, económico y social de la Unión Soviética. Y yo, como mujer joven que iniciaba un doctorado, no podía menos que sentirme fascinada por las posibilidades que prometía toda esta experimentación democrática. El hecho de vivir en Nueva York no hacía sino alimentar esa curiosidad. Los estudiantes pasábamos largas jornadas en la franja de tierra arbolada, vallada y custodiada de la Universidad de Columbia, entre Broadway y la avenida de Ámsterdam: una torre de marfil apaisada situada justo en medio de una metrópoli compleja y diversa. Mi fascinación comenzó ya el primer día. Los pasillos del edificio de Asuntos Internacionales, en la calle 124, estaban cubiertos de carteles de aspecto apremiante que anunciaban, prácticamente a gritos, la cancelación de ciertas asignaturas y la desenfrenada carrera por instituir otras nuevas. En aquel ambiente incierto de nuestro orden mundial a principios de la década de 1990, se canceló Derecho Soviético para reemplazarlo por Actividad Legislativa en el Antiguo Espacio Soviético, mientras que en los títulos de muchas asignaturas se eliminaba el término *comunista* para sustituirlo por *poscomunista* o algo similar; Economía Dirigida era ahora Economías en Transición, y así sucesivamente. Ahí estábamos, en un laboratorio viviente, donde se desmoronaban ante nuestros propios ojos las viejas normas y estructuras de autoridad, mientras los países de aquella vasta región del mundo iniciaban otra metamorfosis, luchando, ante todo, por elaborar nuevas normas y nuevas leyes. El edificio de la Guerra Fría, una guerra que habíamos crecido creyendo que se resolvería de forma catastrófica con armas nucleares, se desmantelaba ahora, ley a ley, como un pueblo Potemkin. La tentación para las personas interesadas en fomentar la democracia y elaborar mejores leyes, leyes democráticas, y constituciones rebosantes de derechos y libertades, resultaba sencillamente irresistible.

En mi primer año de doctorado escribí, en colaboración con mi supervisor, un trabajo que se convertiría en parte de este proceso. Ese trabajo me consolidaría como una auténtica promotora de normativas por derecho propio, una firme creyente en la idea de que disponer de las normas adecuadas, proporcionar los incentivos apropiados a los seres humanos a través de reglas correctamente elegidas, constituía el modo de crear buenas democracias y grandes ciudadanos. Trabajando hasta altas horas de la noche, alimentados por buena comida etíope y los helados de Ben & Jerry's que nos traía mi hermano, conseguimos desenterrar algunas de las primeras evidencias de una sorprendente correlación: si querías asegurarte de que tu joven democracia se convirtiera en una democracia estable —o lo que los académicos llamamos *consolidada*—, necesitabas una constitución de tipo parlamentario, no presidencial. Teníamos datos de todo el mundo que revelaban que, cuando la gente se sentía frustrada con sus presidentes elegidos de forma directa porque gobernaban mal, o porque no implementaban las políticas públicas que necesitaban los ciudadanos, o porque se enfrentaban con la mayoría del parlamento y ello derivaba en un punto muerto, solo había dos formas de destituir a dichos líderes aparte de unas elecciones, y ambas resultaban costosas. La primera era a través de un prolongado proceso legal de incapacitación, que, como sabemos por el ejemplo del *impeachment* estadounidense, es un proceso infrecuente, además de disgregador. O bien estaba la solución más rápida, pero más sangrienta, del golpe de Estado. Esta última opción se había vuelto endémica en los sistemas presidenciales de África y Latinoamérica, donde los militares se habían convertido en actores políticos; y esto sucedía en lugares que habían tomado como inspiración la constitución presidencial estadounidense.[1]

Obviamente, también las constituciones parlamentarias fracasaban, solo que al parecer no lo hacían tan a menudo. Fuera como fuese, cuanto más en profundidad empecé a examinar aquellos casos, aquellas organizaciones políticas que señalaban los puntos de resalte en nuestros gráficos, más me preguntaba si de veras la respuesta consistía meramente en cambiar las reglas. Puede que fuera por el verano que pasé en Río de Janeiro y Brasilia, reuniéndome con antiguos líderes militares y tratando de dilucidar si las normas parlamentarias funcionarían en un país que históricamente se había sentido atraído por los líderes fuertes y carismáticos, el tipo de caudillo capaz de lograr la independencia de una potencia colonizadora. En este país de impresionante belleza, poblado de gentes no menos encantadoras, el índice de Gini —un indicador estándar de la desigualdad de renta— suele rondar el 50%, una cifra que expresa una considerable desigualdad, habida cuenta de que cero representa la igualdad perfecta.[2] Extremadamente polarizado en términos de renta, pero también aquejado de grandes divisiones entre las zonas rurales y urbanas, el complejo paisaje social, económico y geográfico de Brasil dio lugar a un tipo de cisma capaz de facilitar la corrupción generalizada y las fluctuaciones extremas entre la apatía y el activismo, alimentando el auge de líderes carismáticos, pero también problemáticos.[3]

O puede que fuera por el año y medio que pasé en Heidelberg investigando las causas de la caída de la Alemania de Weimar, una organización política que tenía una de las constituciones más progresistas de su época. Estudié aquella constitución a la sombra de los árboles *Ginkgo biloba* a los que tan aficionado era Goethe. En aquel momento creía que un factor importante en la desaparición de la República de Weimar fue la coincidencia de ciertas normas fatales en su constitución, incluido el famoso artículo 48, que otorgaba al presidente el poder de promulgar «decretos de emergencia» que, con ayuda de las fuerzas armadas, le permitían adoptar lo que se definía vagamente como «medidas necesarias» para gobernar en tiempos de crisis.[4] Pero mis amigos y colegas alemanes, en cambio, parecían más persuadidos por las voces históricas que en su país se preguntaban si los problemas de Weimar no tenían más que ver con el hecho de que la República tuviera un complejo tejido social, en vísperas de una crisis económica y en una coyuntura crítica de la historia mundial, y, por ello mismo, no era simplemente una democracia sin demócratas.[5]

O puede que fuera incluso por el febrero de frío glacial que pasé en Moscú, entrevistando a activistas pro derechos humanos y ministros del Gobierno, entre ellos Galina Starovoitova, asesora de Yeltsin en materia de asuntos étnicos, que tuvo la generosidad de charlar conmigo en un Pizza Hut, frente a la Duma, y de cuyo asesinato me enteraría solo unos meses después por la prensa. Mientras me explicaba lo difícil que resultaba trabajar con muchos de los nuevos dirigentes rusos, que no sabían «jugar en equipo», creció en mí la conciencia de que una cosa eran las normas y sus estructuras de incentivos, y otra muy distinta las personalidades y actitudes de la gente.[6]

Con cada nueva experiencia en el mundo real, aumentaban mis dudas sobre el poder de las leyes.

Como profesora de gobierno y derecho y como profesional dedicada a asesorar a gobiernos extranjeros y formar a sus élites, quizá haya estado negando algo que sabía desde hacía largo tiempo: que la democracia no está funcionando bien, en ningún sitio, por más que uno se esfuerce para redactar las leyes correctas. Es un hecho que en las universidades y los laboratorios de ideas llevamos décadas documentando y describiendo. En un primer momento, en la década de 1980, nos sentíamos esperanzados al ver cómo se abrían las dictaduras sudamericanas tras años de brutal represión. Pero al cabo de una década, aquellas transiciones a la democracia en el Cono Sur del continente americano se estancaron, dando lugar a lo que el académico argentino Guillermo O'Donnell ha denominado «democracia delegativa»: democracias parciales lideradas por presidentes libremente elegidos, pero que se comportaban más como caudillos que como dirigentes responsables.[7]

Después, todos recibimos con júbilo la caída del Muro de Berlín en 1989, pero solo para ver luego a partidos populistas de derechas, como el Fidesz en Hungría o Ley y Justicia en Polonia, invadir poco a poco Europa Central y Oriental en la década de 2000, infectando la región con mensajes xenófobos de intolerancia, que incluían declaraciones y políticas indignantes contra los judíos, los romaníes y los miembros de la comunidad LGTBIQ+.[8] Nos sentamos hipnotizados a contemplar cómo los pueblos de todo el mundo árabe luchaban por su primavera democrática a principios de la década de 2010, y luego vimos cómo todos sus esfuerzos desembocaban en un frío y sangriento invierno árabe, con guerras civiles en Siria, Libia y Yemen. Aquí los movimientos populares se vieron aplastados no solo por quienes ostentaban el poder, sino también por grupos contrarrevolucionarios en el seno de la propia sociedad que se resistían a la ambigüedad del cambio.[9] También vimos a los ciudadanos rechazar una constitución europea, es decir, rechazar la oportunidad de que «Nosotros, los pueblos de la Europa unida», aunáramos fuerzas y adquiriéramos un compromiso mutuo único y normativamente codificado; y luego, años después, vivimos el Brexit y la incertidumbre del futuro social y económico de Europa en la medida en que la retórica y las actitudes preponderantes en algunas partes del continente empezaban a retrotraerse a sus rincones previos a la Unión. Con la invasión rusa de Ucrania, a las puertas de Europa, nos quedamos horrorizados y estupefactos, pero luego la mayoría de nosotros nos limitamos a continuar con nuestra vida mientras la guerra y sus refugiados se convertían en un hecho rutinario. Permanecimos de brazos cruzados mientras en la vieja Europa resurgía el odio hacia «el otro». Algunos lo filmaban impasibles, como turistas en un parque temático de terror. Bajo el sol de mediodía de una ciudad costera italiana, un vendedor ambulante, Alika Ogorchukwu, fue incluso golpeado hasta la muerte con su propio bastón mientras la gente pasaba de largo.[10] En eso se habían convertido nuestras sociedades.

Pero no era solo la sociedad la que no actuaba bien. También el Estado se comportaba mal. En Estados Unidos, nos horrorizó la forma en que la ley y el orden «democráticos» le fallaron a Rodney King, ciudadano de un país cuyos derechos humanos básicos deberían haber estado protegidos por la constitución y la maquinaria estatal, y donde, lejos de ello, esos mismos derechos fueron quebrantados por los miembros del Estado a quienes confiamos su protección, tal como luego volvería a ocurrir con Eric Garner, Michael Brown, luego George Floyd y Tyre Nichols, e innumerables otros. En muchas ciudades de todo el territorio estadounidense parecía estar ausente un principio básico y fundamental de la democracia: la posibilidad de exigir cuentas a los que mandan cuando incumplen su deber. Incluso nos quedamos boquiabiertos al constatar cómo en Estados Unidos las leyes que rigen unas elecciones libres y justas aupaban al poder, en cambio, a alguien que resultaría no estar del todo comprometido con la democracia a la hora de dirigir el país y que se revelaría más bien como un demagogo narcisista; aunque lo cierto es que ya sabíamos desde hacía tiempo que las constituciones más democráticas prometían libertad e igualdad mientras producían a la vez McCarthys o Le Pens.[11]

Así pues, nuestras clases políticas y las sociedades a las que representan parecen hechas añicos tras una década tremendamente difícil. Desde el escándalo del Partygate en el Reino Unido hasta el asalto del 6 de enero al Capitolio estadounidense, pasando por otros acontecimientos similares, nos preguntamos por qué nuestros líderes políticos actúan de forma tan irresponsable cuando el resto de nosotros sentimos que necesitamos desesperadamente una buena gobernanza. Los datos del informe de 2022 del Proyecto de Justicia Mundial nos dicen que esta apreciación no es un mero desvarío subjetivo propio de eruditos: por quinto año consecutivo, la calidad del Estado de derecho, la idea de que el Gobierno se rige por las mismas reglas y normas, claras y coherentes, que establece para nosotros, ha disminuido en la mayoría de los países del mundo.[12] Y como resultado de este declive, y del desencanto que sentimos con respecto a nuestros dirigentes, todos estamos más descontentos que nunca con la democracia y las encuestas de opinión nos dicen que en una gran parte del mundo industrializado los niveles de confianza y desconfianza en el Gobierno van a la par: hoy el porcentaje de personas que desconfían de su Gobierno iguala al de las que confían en él. Y eso justamente en el mundo industrializado, con todas sus leyes formales, donde las cosas deberían funcionar mucho mejor.[13] Puede que no resulte extraño, entonces, que una reciente encuesta del grupo

Ipsos revele que, como media, solo el 30% de los adultos confía en otras personas.[14]

Diversos intelectuales de todo el globo están proponiendo soluciones a este tremendo embrollo, pero son soluciones sacadas de la misma caja de herramientas que hemos estado empleando durante siglos.[15] Sugieren utilizar más normas para arreglar nuestras democracias rotas, más innovaciones para nuestros líderes políticos. Tales retoques pueden ser útiles; de hecho, a veces, hasta necesarios. Pero a menudo, a largo plazo, equivalen también a poco más que parches, y, con mayor frecuencia de lo que somos conscientes, tales parches no hacen sino empeorar las cosas en la medida en que nos incitan a quedarnos de brazos cruzados y confiar en que ellos, las élites políticas, arreglen las cosas por nosotros, en que, de algún modo, tengan éxito donde antes fracasaron.

Obviamente, nuestras constituciones y algunas de nuestras leyes han funcionado, en algunos casos proporcionando un gran alivio frente a la dictadura arbitraria y brutal, frente al tipo de tiranía que conocieron las generaciones anteriores en los países industrializados, o el tipo que experimentan actualmente parte de los habitantes de los 111 países del mundo que todavía están calificados como «no libres» o, en el mejor de los casos, «parcialmente libres» por observadores internacionales como la organización Freedom House, dado que en dichos países los individuos no disfrutan de muchas de las libertades civiles y los derechos políticos básicos que nosotros, los habitantes del mundo industrializado, tanto luchamos por conseguir en nuestros espacios «libres».[16] Y no cabe duda de que hay muchos casos en los que ciudadanos individuales, o grupos de ciudadanos, han utilizado sus leyes y sus constituciones para promover mayores libertades. Desde la invocación del derecho a proteger el medio ambiente en Nepal y Montana, hasta el recurso a los tribunales para salvaguardar el acceso a los alimentos y reducir las emisiones de gases de efecto invernadero en los Países Bajos o Pakistán, tanto la gente corriente como determinados grupos de presión están invocando y utilizando de manera decidida sus leyes y sus constituciones para lograr un cambio positivo, para ver mejor protegidos sus derechos. Ciertamente, las leyes que regularán la inteligencia artificial, que regularán las redes sociales para proteger a los jóvenes de potenciales perjuicios, las leyes que nos prohíben matarnos y maltratarnos unos a otros o las leyes que disuaden a las grandes empresas de aprovecharse de forma abusiva de los consumidores han sido y seguirán siendo incorporaciones legales siempre bien recibidas, y puede que, de hecho, nos resulten imprescindibles aun en la visión general que yo postulo aquí. Existen numerosos ejemplos de por qué la ley no puede ni debe ignorarse o diluirse y de por qué no deberíamos tratar de eludir sus limitaciones.

Sin embargo, en el ámbito de la ley transitamos constantemente por una fina línea entre las libertades y el daño potencial que entraña su ejercicio. El derecho a portar armas, la libertad de expresión y otros derechos y libertades similares ni son absolutos ni están universalmente aceptados. Tales derechos o libertades, y las leyes que los protegen, pueden cuestionarse en la medida en que tu libertad para hacer algo bien puede interferir con la mía, o tu libertad como miembro de un grupo (una comunidad religiosa o racial) puede ser mayor que la mía si yo no soy miembro de dicho grupo. Valga como ejemplo la disputa surgida en algunos lugares durante la pandemia de covid-19, cuando determinadas comunidades religiosas adujeron la necesidad especial de quedar exentas de las normas que prohibían las reuniones colectivas durante el confinamiento; o el debate producido en Estados Unidos entre los funcionarios de salud pública a raíz de las protestas por la brutalidad policial: si bien aquellas reuniones multitudinarias podían propagar la covid-19 y, por ello, muchos abogaban por su restricción, otros exigían que se permitieran, alegando que «también el racismo supone una grave amenaza para la salud».[17] Las leyes y constituciones que otorgan libertad a algunos deben ser constantemente objeto de debate y discusión, dado que dicha libertad y su ejercicio no están exentos de conflictos potenciales, problemas que pretendo explorar en detalle en las páginas que siguen.

Así pues, uno de los postulados básicos de este libro es que no son necesariamente las leyes *per se* las que resultan problemáticas, sino el modo en que hemos pasado a depender de ellas para resolver problemas o para instruirnos; las múltiples formas en que las hemos utilizado como sustitutas de nuestro propio juicio y acción colectiva. Es algo parecido a cuando hay que redactar un trabajo universitario. En tales casos recuerdo siempre a los estudiantes que no queremos limitarnos a repetir a los autores que nos han precedido. Los utilizamos como guía, subiéndonos sobre sus hombros, pero de forma crítica. Nos apoyamos en ellos para elaborar nuestros propios argumentos, en lugar de escudarnos en ellos acríticamente y sin reflexión alguna.

Lo mismo ocurre con la ley: sin duda, podemos necesitarla e incluso querer apoyarnos en ella de vez en cuando, pero a nosotros nos corresponde hacer el trabajo más exigente.

Llevamos mucho tiempo aferrándonos a un punto fijo de la historia, un punto en el que la libertad moderna se definió para nosotros, no por nosotros. Ese punto de la historia marcó el final de lo que algunos filósofos creían que era un horrible estado de naturaleza, anterior a cualquier organización social; el final del mundo repugnante y embrutecido tan vívidamente descrito por el teórico político Thomas Hobbes.[18] El Leviatán, nuestro salvador, llegó en la forma de una autoridad gubernamental central fuerte e indivisa basada en un contrato. Habíamos llegado, aunque a través del dolor y el sufrimiento y de una guerra brutal de todos contra todos, a elaborar leyes, algunas incluso de orden superior, que nos proporcionaron una estructura duradera y un orden estable y saludable. Habíamos alcanzado la libertad. Ahora podíamos elegir a nuestros gobiernos en lugar de sufrir su imposición. Podíamos disfrutar de numerosas libertades, que pasamos a considerar nuestros derechos... Pero incluso si creemos en esta metáfora como una imagen útil de nuestro progreso, hoy nos hallamos en un lugar distinto. Al igual que hemos dejado muy atrás las prácticas médicas medievales, como otras muchas de aquella época, ¿no deberíamos actualizar también nuestra concepción de gobernar y ser gobernados? Como Philip Morris intentó hacer creer a las mujeres estadounidenses en la década de 1960: «Has recorrido un largo camino, nena». Sí, lo hemos hecho. Pero ¿por qué habríamos de detenernos aquí?

No estoy proponiendo más arreglos a través de más leyes. Porque creo, hoy más que nunca —cuando disponemos de tecnologías sin precedentes que unen a los individuos, que conectan a personas de todo el mundo—, que ha llegado el momento de salir de esa estrecha caja de leyes y normas y liderazgo jerárquico, a todas luces insuficiente, y en su lugar hacer que la democracia funcione de manera distinta. Ciudadano a ciudadano.

Sin embargo, todo gran funeral necesita su discurso; no una oportunidad para alabar al difunto, sino para enterrarlo. Para lidiar con el fin de las constituciones tal como las vemos hoy, primero debemos entender qué es la ley y de dónde viene y por qué ha cobrado tanta importancia en nuestras vidas. Espero mostrar al lector por qué nuestra dependencia de la ley para realizar la tarea de convivir se ha vuelto tan problemática y, después, cómo abordar las soluciones al respecto. Lo que expongo a continuación es un análisis sobre los ámbitos que considero cruciales para fomentar una buena ciudadanía en la actualidad: el liderazgo, los derechos fundamentales, los espacios públicos, la seguridad alimentaria y el medio ambiente, la diversidad social y la educación. Planteo aquí seis propuestas interconectadas que pueden ayudarnos a ser mejores ciudadanos hoy o, dicho de otro modo, que pueden ayudarnos a ser cada vez menos *súbditos* y más *ciudadanos*. Mis seis propuestas parten de una alternativa a la idea de que orden es sinónimo de estabilidad: en lugar de ello, le pido al lector que conciba el orden como una cooperación espontánea y autosostenible. Se trata de un tipo de cooperación que exige múltiples saltos de fe y de confianza, una forma de enmarcar nuestras interacciones sociales que no depende en exceso de las normas y la autoridad para dictar las acciones. Es transitoria, y tiene que serlo. Es contingente y, debido a su contingencia, puede parecer precaria; pero piense en ella, en cambio, como adaptable. Actualmente es rara, pero, si se puede fomentar, alejándose de la restricción de las normas, puede florecer y reinventarse continuamente, proporcionando la que quizá sea la única forma de aglutinador social que permitirá a los descontentos de la civilización llevarse bien y cuidarse mutuamente.

Tal es, y espero demostrarlo, la auténtica ciudadanía. Sin duda, esta auténtica ciudadanía sigue implicando pertenencia a un Estado. Y, como miembros de un Estado, tenemos derecho a esperar ciertas protecciones, además de obligaciones para con dicho Estado y sus demás miembros. Pero esta pertenencia a un Estado implica la pertenencia a una comunidad de ciudadanos, y para ser real requiere relaciones horizontales, recíprocas, no solo verticales. Así, *ciudadano* se define aquí en términos ideales: como un miembro responsable y activo de la comunidad llamada humanidad, un miembro que goza de derechos, pero que también se debe obediencia a sí mismo y a otros humanos, y que tiene la obligación de respetar los derechos de la Tierra y de todas sus criaturas vivientes. Constituye un ideal y, como tal, una meta. En las páginas que siguen pretendo recordarnos a todos cómo ser ciudadanos según esta definición: horizontalmente, e independientemente de la raza, el género, la edad o la nacionalidad; dando pasos sencillos, pero significativos.

A lo largo de este libro invito al lector a imaginar su ciudadano ideal y a cuestionar su propio apego a todas esas normas que hemos llegado a conocer como «la ley». Este no es un libro sobre leyes malas y leyes buenas, ni acerca de cómo y por qué habría que infringirlas; no es un libro destinado a exonerar de sus responsabilidades a corporaciones, gobiernos u organizaciones problemáticas. Este libro trata de cómo nuestra autocomplacencia como ciudadanos nos ha llevado a escondernos detrás de la ley, y de lo que podemos hacer al respecto hoy, juntos, de forma constructiva y sin violencia. El viaje que vamos a emprender juntos constituye, pues, una confesión por mi parte como antigua predicadora de las bondades de la ley, pero también un alegato: porque sin cuestionar primero nuestro propio apego a las normas y nuestra dependencia de las leyes a la hora de resolver los problemas, sin reconocer nuestros propios temores con respecto a cómo podría ser un mundo más allá de las leyes, nunca dejaremos que nuestra mente emprenda ese trascendente e imaginativo rumbo que puede permitirnos vislumbrar un mundo alternativo. Partamos y veamos hasta dónde podemos llegar.

Capítulo 1

LAS LECCIONES DE LA LEY

Hay una pequeña isla volcánica, remota en el tiempo y en el espacio, que creo que puede ayudarnos a entender por qué las normas son parte del problema. Es un lugar de sensual belleza, rodeado por un arrecife de coral, donde el aire está impregnado del perfume de la fruta del baobab y el ylang-ylang. Situado en el canal de Mozambique, este diminuto y quizá para algunos insignificante archipiélago, conocido como Mayotte, representa, no obstante, un importante microcosmos del mundo contemporáneo.

Una abrasadora tarde de julio de 2005 llegué a estas islas, palúdicas y expuestas, durante mi descanso estival de la docencia, con la intención de estudiar la versión de la ley islámica que rige aquí desde el siglo VII. Hakim, gran cadí de Mayotte y máxima autoridad religiosa del archipiélago, me recibió en su corte. Fue allí, mientras Hakim me explicaba este misterioso lugar, en un colorido edificio de bloques de hormigón adyacente a la mezquita, donde empecé a reflexionar profundamente acerca de lo que era *realmente* la ley.

Comenzamos con el Corán, uno de los textos sagrados que guía a los jueces islámicos como Hakim a la hora de adoptar decisiones. Según el libro sagrado, Alá dio orden al universo llamando a la tierra y al cielo para que se unieran en obediencia a él: la tierra y el cielo, no el hombre, fueron declarados primero súbditos de Alá y dependientes de su autoridad para mantener un orden cósmico bueno y seguro. Así nacieron la autoridad y la obediencia de todo y de todos a ella. Casi todas las tradiciones religiosas, incluida la mía, comparten un relato de la creación similar. Tomemos, por ejemplo, el libro del Génesis, sagrado para los pueblos judío y cristiano, donde se nos dice que Dios creó el universo en un orden bueno y preciso a partir de la nada:

> Dijo luego Dios: «Haya lumbreras...».
> E hizo Dios las dos grandes lumbreras; la lumbrera mayor para que señorease en el día, y la lumbrera menor para que señorease en la noche; hizo también las estrellas. Y las puso Dios en la expansión de los cielos para alumbrar sobre la tierra, y para señorear en el día y en la noche, y para separar la luz de las tinieblas. Y vio Dios que era bueno.

De hecho, en las religiones abrahámicas, incluida aquella en la que yo me crie, este orden bueno y preciso creado por Dios debía perdurar a través de todas las generaciones. Pero, obviamente, ese orden exigía entonces la obediencia de la pareja original, Adán y Eva, y su acatamiento de la autoridad divina. En muchos países del mundo actual, es este relato el que está incardinado en nuestro tejido social: a través de nuestras familias, comunidades y líderes. Los impregna y configura.

Otros mitos de la creación de diferentes lugares del globo parten de la concepción del mundo anterior al orden divino como un terrible caos, en lugar de la nada. Algunas narraciones coreanas, por ejemplo, relatan esta historia con complejas y variadas influencias de las distintas creencias que han sido importantes en la historia de Corea, como el confucianismo y el budismo, el chamanismo y el cristianismo, en múltiples y sutiles variaciones.[1]

Pese a sus diferencias, todos y cada uno de estos mitos de la creación afirman que el orden del universo surgido tras la intervención divina no solo es bueno, sino que también requiere autoridad. Otros mitos de otras culturas, incluidas algunas narraciones mesoamericanas, también inculcan cierto apego al orden y a la autoridad, pero el buen orden se produce cuando la autoridad en forma de dioses destruye lo que es problemático y luego recrea lo que no lo es.[2]

Allá en el Jardín del Edén judeocristiano, por su mera humanidad, su curiosidad y su hambre de conocimiento, Adán y Eva quebrantaron el orden originario, lo que daría lugar a la eterna aspiración humana de restaurar el «buen» orden de Dios y abrir la puerta a la salvación. Por fortuna, Dios lo puso un poco más fácil, pues dio a las generaciones futuras sus primeros principios o normas de comportamiento, que luego se convertirían en reglas escritas, para ayudar en el proceso: obedéceme solo a mí; no mates; no robes, etc. Estas normas han tenido y siguen teniendo importantes funciones en diversas sociedades y comunidades de todo el mundo. Pero el problema podría ser precisamente que también se utilizaron como el origen, la base, de nuestras modernas leyes seculares y, con el tiempo, el fundamento de nuestras constituciones. Se nos dijo cómo comportarnos, cómo hacer lo correcto. Así nació lo que yo llamo la *primera falacia secular*: que la naturaleza necesita autoridad para que exista un buen orden.

Todas estas normas eran aparentemente necesarias, sobre todo en la medida en que nuestras familias se iban haciendo más extensas, las tribus se convertían en comunidades y nuestro contacto con el prójimo se ampliaba. Las normas constituían un buen punto de partida para lograr un orden estable, para ayudarnos a escapar del constante conflicto y discrepancia inherentes a la naturaleza humana. Y también daban lugar a un orden predecible que no era emergente, sino impuesto. Pero al ser ahora enunciadas y formuladas como reglas en lugar de principios rectores y al venir impuestas por una u otra autoridad, también daban a entender irónicamente que, abandonados a nuestra suerte en estado de naturaleza, robaríamos, mataríamos y nos comportaríamos como salvajes. Las normas eran la respuesta a lo que se percibía como el desorden de la naturaleza. Y así nació la segunda falacia secular: que lo bueno de este buen orden es que viene impuesto por una autoridad y es ciertamente estable.

Con el tiempo, nuestras poblaciones crecieron, y lo hicieron mucho más deprisa que nuestros recursos. Ahora necesitábamos algo más, algo mayor y mejor: necesitábamos algo que mantuviera nuestras sociedades emergentes seguras, estables (obviamente), y también predecibles, puesto que la predictibilidad ayuda a que las cosas se mantengan estables. Necesitábamos algo que nos atara a nuestro grupo y permitiera a los miembros del grupo llevarse bien ante todo entre ellos, excluyendo a la vez al resto. Necesitábamos algo que comportara alguna forma de consecuencia cuando se quebrantaban las reglas que mantenían el orden estable. Ese algo fue la ley.

La ley, en su forma más básica, se define simplemente como una norma o conjunto de normas, un código u otro sistema formal cuyo cumplimiento se impone a través de alguna institución. Los historiadores del derecho nos dicen que la ley, así entendida, tuvo sus orígenes en el desarrollo de la civilización, en el desarrollo de sociedades complejas como la del antiguo Egipto, que se remonta al año 3000 a. C.[3] Los expertos en antropología jurídica nos dicen que la ley, entendida de forma similar, pero sin restringir el concepto a ningún código ni sistema formal, se ha originado en casi cualquiera de los grupos sociales que han surgido a lo largo de la historia y han utilizado normas y consecuencias para lograr la armonía social.[4] Y algunos filósofos del derecho, aunque no todos, nos dicen que es posible diferenciar una ley de un principio, dado que este último es un criterio que se espera que observemos porque constituye un requisito de justicia, equidad o moralidad y puede revestir más o menos importancia en una circunstancia determinada, mientras que una ley o es válida o no lo es.[5]

Así pues, la ley moderna, tal como la conocemos hoy en día en nuestras democracias industriales avanzadas, es en su forma más básica una restricción ideada por el ser humano que está vinculada a la autoridad y que también permite a dicha autoridad castigar a quienes la infringen.[6] Funciona mediante recompensa (inclusión en la comunidad, con los beneficios asociados a la pertenencia) y castigo (exclusión de la comunidad y, en algunos casos, encarcelamiento o muerte). La ley, y sus correlativos mecanismos de cumplimiento, se han desarrollado a lo largo del tiempo para proporcionar la base del orden tal como queremos que sea: estable, predecible y controlable desde arriba. Aún hoy seguimos adhiriéndonos ciegamente a ello, viviendo en grupos con una autoridad jerárquica sobre nosotros y actuando como cocreadores de un espacio físico único y artificialmente fijo: un Estado nación.

Existen numerosos ámbitos de nuestra vida regidos por leyes específicas, como el derecho de familia, el derecho penal, el derecho fiscal, el derecho medioambiental o el derecho de aguas. Existe incluso un ámbito emergente conocido como derecho espacial, pues no dejamos de expandirnos y nuestro mundo piensa cada vez más en otros mundos más allá del nuestro; y el área igualmente emergente del derecho animal, dado que la gente empieza a pensar de forma más sistemática en los derechos que tienen otros animales a que se los trate con el respeto que cada uno de nosotros exigimos para nosotros mismos.

La mayoría de estas leyes pueden ser modificadas y, de hecho, lo son con el paso del tiempo. A menudo son elaboradas por una autoridad local, por los gobernantes en nombre de los gobernados. Son leyes de ámbito local para una determinada población concreta.

La forma más elevada de ley, de esta restricción ideada por el hombre, es una constitución. Esta consiste en un conjunto de principios que establece una estructura de gobierno para un pueblo, proporcionando un marco que define cómo se supone que sus integrantes deben interactuar entre sí y con qué fines. Se espera que esta ley superior perdure más que otras leyes, por lo que se establece deliberadamente que, una vez redactada, no resulte fácil de cambiar. Tampoco la elaboran administraciones o parlamentos locales, sino una autoridad excepcional de nivel nacional. Asimismo, se sitúa por encima de todas las demás leyes. Es el marco para todos los grupos y comunidades que viven dentro de las fronteras del Estado nación y el marco con respecto al cual pueden juzgarse las demás leyes de dicho Estado nación y al que deben ajustarse esas otras leyes. La constitución representa a la vez los cimientos y el tejado, es la casa entera en cuyo interior coexisten todos los miembros del Estado nación —los ciudadanos— y su gobierno y en cuyo interior actúan todas las demás leyes y normas. A veces se entiende, también, como un contrato entre los gobernados y los gobernantes; entre, por un lado, aquellos a quienes situamos en el poder mediante unas elecciones para que gestionen la casa y, por otro, el resto de nosotros: nosotros los pueblos, los ciudadanos que vivimos en ella. Nuestro contrato constitucional dice a ambas partes, nosotros y ellos, lo que nosotros y ellos podemos y no podemos hacer y lo que podemos y no podemos esperar unos de otros. El contrato constitucional nos brinda un techo de derechos bajo el que resguardarnos. Establece directrices para definir nuestras fronteras. Determina nuestros valores. Nos dice cómo serán elegidos nuestros dirigentes y cómo podemos deshacernos de ellos si hacen mal su trabajo. Es la forma última de crear orden en una democracia, y todos los países democráticos del mundo tienen una, esté o no codificada en un documento único y ratificado. Al establecer ese orden jurídico estable en todo un territorio y fijar a través de él nuestros derechos y obligaciones fundamentales, surge nuestra tercera falacia secular: que las constituciones nos brindan un orden justo, y proteger la constitución nos brinda justicia.

Las primeras formas de lo que hoy entendemos por una constitución —es decir, las protoconstituciones— surgieron en la antigüedad, cuando la gente aspiraba a establecer comunidades pacíficas y autónomas, dotadas de formas de gobierno y de autoridad que las protegieran de amenazas externas.[7]

Atenas fue uno de esos lugares, y Aristóteles fue uno de los primeros en concebir la idea de una constitución como ley superior, como fundamento de un orden político estable, que no debería ser fácil alterar a capricho. Con Aristóteles empezamos a entender que una constitución podía ser un proyecto para vivir como miembros de una comunidad, como podría ser una ciudad-Estado. Por entonces dicho programa consistía en un conjunto de leyes que nos decían quién era un hombre libre y un ciudadano y quién un esclavo. Así, aun en su forma naciente, un propósito fundamental de la constitución era establecer las normas que posibilitaran un orden justo, que posibilitaran que hubiera justicia. Roma fue otro de los lugares donde comenzó a tomar forma el concepto de una ley superior, destinada a proporcionar no solo una *lex terrae* (o ley suprema de un territorio), sino también un proyecto para la vida en la comunidad. Había marcadas diferencias en la forma en que estas dos antiguas civilizaciones concebían y practicaban lo que hoy denominamos constitucionalismo, pero ambas veían la necesidad de disponer de un marco general, vinculado a la idea de justicia.

En muchas otras partes del mundo se establecieron protoconstituciones similares, desde Mesopotamia hasta la India y otras regiones de Asia. En Inglaterra, en el que probablemente constituye el caso más conocido, en 1215 se persuadió al rey Juan para que firmara la que sería la versión inglesa de una protoconstitución, la Carta Magna, en la que se especificaba un orden justo que impedía a cualquier rey castigar o excluir a nadie de la comunidad sin un debido proceso legal. Este orden, de naturaleza predecible y no arbitraria, confiaba la paz a una autoridad central, al tiempo que diferenciaba entre el bien y el mal.

Ese momento concreto de la historia se celebra como uno de los más importantes en el desarrollo de las constituciones, pero también en el de las normas y leyes ordinarias, pues representa un punto de inflexión en el que se define la libertad moderna. Habíamos llegado, aunque fuera a través del dolor y el sufrimiento y de una guerra brutal de todos contra todos, a elaborar una ley superior, una constitución básica, que nos proporcionaba una estructura duradera y un orden a la vez estable y saludable. Y esta tendencia continuó con la elaboración de diversas constituciones en diferentes momentos a lo largo de los siglos siguientes, en lugares como Francia, Países Bajos, Estados Unidos, Polonia, Haití o Baviera, entre otros, en todos los cuales se redactaron documentos que parecían y se consideraban versiones de una ley superior. A principios y mediados del siglo XIX, las regiones de Norteamérica, América Latina y el Caribe y Europa Occidental presenciaron la aparición de algunos de los primeros documentos codificados, a los que seguiría, a principios del siglo XX, el inicio de las constituciones codificadas en Oriente Próximo, África Septentrional y Europa Oriental, y en Asia y el África Subsahariana unas décadas más tarde.[8]

Pero... ¿había otras posibilidades, otras ideas rivales que podrían habernos llevado por un rumbo distinto?

Sin duda, las hubo. Una posibilidad sutil pero crucialmente distinta fue, por ejemplo, la que propugnaba el jurista y estadista romano Marco Tulio Cicerón. Este creía ciertamente en la autoridad y en las normas, pero como complementos de un concepto de suma importancia que él denominaba *actitud*. En efecto, para Cicerón, tener una mala actitud era un obstáculo. Su *De officiis*, el libro de consejos o «deberes» que ofrecía a los jóvenes romanos, fomentaba el buen comportamiento no solo a través de las normas, sino a menudo apelando también al concepto de lo colectivo, a la sociedad humana. Cicerón aboga de forma elocuente por muchas ideas que desde entonces hemos olvidado; por ejemplo, en el libro III de esta gran obra subraya que «todos deben tener un solo propósito: que sea la misma la utilidad de cada uno y la de todos [...]. En cambio, quienes dicen que debe tenerse en cuenta a los ciudadanos, pero niegan que esto deba hacerse con los extranjeros, rompen la universal unión de la especie humana, destruida la cual se acaba radicalmente con la generosidad, la liberalidad, la bondad y la justicia».[9] Estas concepciones de la comunidad y de la justicia no son meros lugares comunes, puesto que el derecho romano en general estaba influenciado por numerosas ideas y valores de este tipo, encaminados a fomentar un sentimiento compartido de colectividad que también iba más allá de la comunidad inmediata, en lugar de la autonomía individual que se ha fomentado en nuestras leyes actuales e incluso ha constituido la base de algunas de nuestras constituciones.

Reinhard Zimmermann, un prominente estudioso del derecho romano, nos lo expuso claramente en su explicación de la antigua Roma, donde «el individualismo nunca tuvo un lugar preponderante. Se ha hecho repetida referencia a la *fides*, la *amicitia*, la *pietas*, la *humanitas* y el *officium*: estos crearon un sistema de valores y un tipo específico de ética social que determinaban el comportamiento del ciudadano romano (de clase alta). El individualismo no era su ideal social; antes al contrario: se sentía obligado a ayudar a sus amigos [...]. Todo ello formaba parte del *officium amici*, y poco importaba si dicha ayuda había sido expresamente solicitada o no».[10]

Piénsese en lo distinta que resulta esta idea, por ejemplo, de la actual concepción estadounidense del ciudadano, vívidamente parodiada en un episodio de la comedia de situación *Seinfeld*.[11] Jerry Seinfeld y sus amigos, de visita en un pueblo de provincias, bromean y ríen mientras observan cómo alguien roba a un desconocido. Cuando un agente de policía los descubre, los detiene, acusándolos de indiferencia criminal por haber infringido la «ley del buen samaritano». Sorprendidos y confusos, se ponen en contacto con un abogado, quien les asegura que el policía se equivoca, que en Estados Unidos «no tienes por qué ayudar a nadie; así son las cosas en este país». Más tarde, en el tribunal, el abogado (interpretado por el genial Phil Morris) argumenta en su favor, proclamando su inocencia: «Los transeúntes son por definición inocentes», afirma en tono categórico. Y prosigue: «Pero no. Se quieren cambiar las leyes naturales; se quiere crear un nuevo animal: el transeúnte culpable». De hecho, eso es exactamente lo que algunos romanos pretendían hacer.

No cabe duda, pues, de que el germen de una posibilidad distinta, de una ley que fomentara y estuviera firmemente asentada tanto en un concepto de lo colectivo como de la humanidad en general, estuvo presente. Pero, con el tiempo, esta concepción humana del bien común y la inculcación del tipo de virtud cívica para la que se concibió fueron derrotadas en muchos lugares por la idea y la praxis tanto del individualismo como de su correlato, la cesión de la responsabilidad a un poderoso Estado, con su maquinaria en forma de ejército y policía. No solo salió perdiendo esta concepción diversa del ciudadano comprometido que no podía formar parte de la comunidad si resultaba ser un espectador culpable, sino que en algunos lugares notables fue incluso objeto de burla.

En el tiempo y el lugar que suelen definirse como la Europa moderna —esto es, el periodo de la historia europea comprendido entre el final de la Edad Media y el inicio de la Revolución Industrial— estallaron repetidas guerras entre diversas facciones de un continente que aún intentaba definir a sus pueblos y decidir sus fronteras. En ese mismo periodo, que abarca desde finales del siglo XV hasta finales del XVIII, se extendieron por el continente las ideas revolucionarias de libertad e igualdad, alimentando nuevas concepciones del gobierno que desafiaban las que se habían basado en los privilegios asociados a gozar de ciertos vínculos de clase, nacer en determinadas familias o tener conexiones con la Iglesia. Se trataba de importantes formas de concebir los vínculos horizontales entre nosotros como conciudadanos. Pero al mismo tiempo, con el auge, por ejemplo, de Napoleón en Francia y su ocupación de Italia, también empezaron a arraigar los conceptos de jerarquía y unificación, la idea de una fuerte autoridad central que reinara sobre los diferentes pueblos que vivían en una misma tierra al tiempo que los agrupaba. Los pueblos de esta Europa empezaron a ver el atractivo y el mérito de un tipo de gobierno más consensuado, llamémoslo más democrático, pero también de una concepción de la comunidad basada en la idea de que «la unión hace la fuerza». Empezamos a confiar a los constructores del Estado nuestro dinero arduamente ganado para abrir carreteras, construir escuelas y adiestrar ejércitos, todo aquello que nos aunaría, nos mantendría más unidos y nos protegería de los salvajes del exterior. Consentimos en esa evolución porque nos parecía más segura y progresista. Y en muchos aspectos lo era; implicaba ciertamente un desarrollo. Pero el problema es que también la consentimos porque resultaba práctica y mucho más fácil que hacer por nosotros mismos el trabajo más exigente.

Ciertamente, había algunos a quienes seguía preocupándoles la idea de dejar el trabajo más duro en manos de la autoridad y la ley, como el filósofo y político decimonónico francés Pierre-Joseph Proudhon, que sentía un intenso recelo ante la ley y el tipo de orden que establecía. Proudhon abogaba por una sociedad que pudiera existir sin la coerción de la autoridad, advirtiendo que «ser gobernado significa ser observado, inspeccionado, espiado, dirigido, legislado...».[12] Considerado por algunos el padre de la anarquía moderna, conocía el sistema desde dentro, como político que era, y esperaba algo mejor de lo que él mismo experimentaba de primera mano.

De manera similar, algunos economistas de la Ilustración escocesa y sus seguidores, como Michael Polanyi, seguían preocupados por la creciente sobrerregulación de nuestras vidas en ese Estado moderno, y defendían, en cambio, que la cooperación espontánea, aunque se basara en el propio interés, era el mejor precursor de una sociedad próspera.[13] Polanyi consideraba que el resultado final de la autoridad era una especie de orden, sí, pero un orden que se acercaba a la parálisis. Por ello advertía de que, si de veras nos interesaba un buen orden —que en su opinión era siempre un orden espontáneo—, no querríamos ninguna autoridad única que nos organizara desde arriba, y, desde luego, no desde un centro arbitrario.

El primer llamamiento escrito a la cooperación espontánea en oposición al orden impuesto por una autoridad central (al menos el primero del que yo tengo constancia) lo hizo el filósofo chino Zhuangzi, que vivió en el siglo IV a. C.[14] Considerado uno de los padres del taoísmo, confiaba en la posibilidad de un orden emergente; instaba a la acción y la reacción constantes y espontáneas ante la vida en lugar de optar por planificarla meticulosamente. Esto implicaba defender no solo la posibilidad de dejar que alguien o algo se desarrollara por su cuenta siguiendo su propio camino, sino la necesidad de ello. He ahí, pues, el primer llamamiento a un orden menos ordenado.

Aunque aquellos teóricos tenían sus límites y, obviamente, expresaron su pensamiento en tiempos muy diferentes a los nuestros, el fundamento de lo que observaron y juzgaron problemático es real y está muy presente hoy en día. Sin embargo, las vacilaciones que expresaban y las alternativas que brindaban acabarían viéndose derrotadas por la idea del orden como estabilidad, concebido como un corpus de leyes, normas y, en última instancia, constituciones, todas ellas enraizadas en mitos de la creación, basadas en la jerarquía y la autoridad central, y diseñadas para ser cualquier cosa menos flexibles o espontáneas.

Cuando hoy examinamos retrospectivamente las constituciones redactadas en el último par de siglos, podemos observar un patrón en la forma en que dichas constituciones fueron elaboradas e inspiradas por lo que yo llamaré aquí *esperanzas*, o principios rectores. De hecho, surgen dos patrones bastante distintos. Por un lado, las esperanzas que inspiraban algunas de dichas constituciones eran algo similar a la vida, la libertad y la búsqueda de la felicidad expresadas en la Declaración de Independencia de Estados Unidos, y tal vez donde esto resulta más obvio es precisamente en la Constitución estadounidense, caracterizada por centrarse, ante todo, en el individuo.[15] En otras constituciones, en cambio, sobre todo en los documentos posteriores a la Segunda Guerra Mundial, la esperanza inspiradora del texto constitucional y de su diseño era algo muy distinto: la dignidad humana. Esta diferencia es importante, porque las esperanzas motivadoras de la democracia constitucional expresadas en tales constituciones se convirtieron, de hecho, en conjuntos alternativos de principios básicos para sus diseños y también para la arquitectura de los derechos que encarnaban. El primer conjunto, el que podría denominarse asimismo el patrón francoamericano, consideraba que la vida, la libertad y la búsqueda de la felicidad eran las «esperanzas» revolucionarias y republicanas fundamentales, que guiaban los acuerdos de separación de poderes, así como la naturaleza y el alcance de la soberanía popular. Esta estructura difiere bastante del modelo alemán de posguerra, que también inspiró la Constitución sudafricana y algunas de las recientes constituciones de Europa Oriental, para las que la dignidad humana se convierte en el fundamental principio rector y esperanza inspiradora, el más alto valor de la ley superior, la parte más inalienable de la que dichos pueblos consideran «su ley», con poderosos tribunales constitucionales grabados en ella para proteger ese valor por encima de todo.

Lo que tenemos que preguntarnos con toda honestidad es: si consideramos objetivamente tales documentos y las esperanzas que los inspiran, ¿de veras favorecen la vida, la libertad y la búsqueda de la felicidad? ¿Tenemos nuestra dignidad mejor protegida y al mismo tiempo protegemos la dignidad del prójimo? ¿Alguno de estos dos patrones nos ha ayudado a alcanzar nuestras esperanzas, las que inspiraron de entrada nuestras constituciones? Sin duda, en estos tiempos ha habido grandes logros en materia de vida y de libertad, así como de dignidad. Se ha limitado el poder arbitrario, se han garantizado formalmente la libertad religiosa y la de expresión. El resultado está lejos de ser perfecto, pero, de nuevo, algunos argumentarán que se trata de esperanzas, de aspiraciones, y, cuando se entienden así, en efecto, están cumpliendo su función mientras nos esforzamos, en nuestro imperfecto mundo humano, por acercarnos lo máximo posible a los ideales.[16]

Sin embargo, no estoy segura de que hayamos avanzado lo bastante ni de que los logros que hemos conseguido se deban a nuestras constituciones. Y tampoco lo estoy de que esos documentos hayan hecho tanto por ayudarnos a ser mejores ciudadanos.

De acuerdo, puede que esta sea solo una versión tosca y resumida de la historia constitucional. Pero le prometo que también es bastante precisa. Mi objetivo aquí no es proporcionar al lector una meticulosa historia causal del derecho mundial y el pensamiento constitucional. Antes bien, lo que ofrezco es lo que el sociólogo Charles Tilly podría haber calificado como un «relato superior»; un relato que resulta ciertamente coherente con las descripciones completas y apropiadas de la historia, pero que pretende ilustrar, y aclarar, más que detallar todos los mecanismos y procesos involucrados.[17] Mi argumento esencial, en cambio, es que, como exploro en las seis soluciones que siguen a continuación, las falacias seculares en las que basamos nuestras leyes nos hicieron creer que obtendríamos órdenes buenos y estables si establecíamos nuestras sociedades sustentándolas en una jerarquía de leyes y la creencia en el liderazgo. Lo que quiero mostrar en los capítulos siguientes, sin embargo, es que nuestra dependencia de tales falacias seculares atrofió, de hecho, nuestra capacidad de tener éxito en la democracia. A tal fin, debemos recordar que la ley es un constructo artificial, un mero parámetro que marca el comportamiento aceptable. Una constitución es la forma de ley superior, y, por tanto, la forma superior de esa artificialidad. Es el conjunto de normas que organiza un Estado y guía las interacciones entre todos nosotros. Ya sea directamente o a través de la interpretación, nos dice, por ejemplo, si los homosexuales pueden mantener legalmente relaciones sexuales en la intimidad de sus hogares, si pueden casarse y disfrutar de la protección financiera del Estado; nos dice si podemos poseer armas legalmente; si podemos ayudar a alguien que sufre un profundo dolor a poner fin a su vida, o si una mujer tiene derecho a abortar un feto. Nos dice todas esas cosas, o lo intenta. Y a veces no lo hace. Pero casi siempre, como exploro a continuación, nos lo dice de forma muy ambigua.

La mayoría de las leyes ordinarias surgen a través de propuestas que se originan o bien en el poder legislativo, o bien en otra área del Gobierno o bien en un grupo de presión o incluso en un individuo. En el mejor de los casos, el Gobierno y los grupos interesados discuten los borradores de la idea, que, si tiene el éxito suficiente para llegar a la categoría de proyecto de ley —es decir, una propuesta legislativa—, será objeto de debate, y se invitará a una serie de personas con los conocimientos pertinentes a dar su opinión sobre los méritos, o deméritos, de la ley propuesta. Finalmente, si la idea llega hasta aquí, se somete a votación: ya sea únicamente en una asamblea legislativa, ya sea en esta y en una cámara alta, si existe. O bien es objeto de una votación pública, y puede que incluso se dé una combinación de ambas cosas. Lo ideal es que la ley que finalmente surja se haya elaborado a través de numerosas iteraciones entre muchos órganos distintos, entre ellos, comités que en ocasiones cuentan asimismo con la participación ciudadana. Cuantos más organismos participen en la votación real, más «puntos de veto» habrá; es decir, más oportunidades para que la ley propuesta sea alterada, eliminada o reemplazada por una contrapropuesta. En palabras de la politóloga Ellen Immergut: «Concibiendo los sistemas políticos como conjuntos de escenarios interconectados y examinando las normas de representación que rigen en cada uno de ellos, se puede predecir dónde es probable que surjan tales "puntos de veto"».[18] Quizá por esa razón, cuando, hace unas décadas, la cadena de televisión estadounidense ABC emitió unos breves programas educativos de dibujos animados destinados a la infancia, en ellos se explicaban los poderes ejecutivo, legislativo y judicial del gobierno, y su papel en la elaboración de las leyes, como un «circo de tres pistas».[19] O, por poner otro ejemplo similar, considérese esta sentencia, atribuida, entre otros, a Mark Twain y Otto von Bismarck: «Las personas a las que les gustan las salchichas y respetan la ley nunca deberían ver cómo se elabora ninguna de las dos cosas».[20] Tal es la enrevesada realidad de la actividad legislativa, incluso cuando se realiza de forma democrática, e incluso si se hace bien.

Entonces, ¿ahora qué? Si hay que creer este relato, si el modo en que elaboramos nuestras leyes es enrevesado y en cierto sentido impredecible en el mejor de los casos, y si la forma más elevada de nuestra ley resulta ser en el mejor de los casos ambigua y totalmente sujeta a interpretación, ¿qué fundamento les queda a nuestras democracias, a nuestras sociedades? ¿Nos limitamos a aceptar nuestras democracias rotas, políticas fallidas y sociedades aparentemente a la deriva y a seguir trabajando para intentar mejorar las normas? ¿Nos apuntamos a la anarquía? Al fin y al cabo, suele decirse que la democracia es simplemente la menos mala de todas las formas de gobierno, y siempre resulta mucho menos problemática que la ley de la calle. Pero ¿basta con eso? ¿O queremos intentar otra cosa, algo que sea radicalmente distinto de esos dos extremos?

Cierto día de verano, a última hora de la tarde, me encontraba en mi ciudad natal, Oxford, en un parque infantil de un barrio socialmente heterogéneo, pensando en todas estas cosas mientras observaba trabajar a mi hijo junto con otros niños, de diversos orígenes raciales y socioeconómicos, en una fuente pública para resolver un problema, sin que ninguno de ellos, ni ningún adulto, les dijera a los demás lo que tenían que hacer. Me vinieron a la mente ideas heréticas sobre la obediencia y la democracia. Y de repente me pregunté: ¿y si hubiéramos recorrido el camino inverso, en compañía de Cicerón, Zhuangzi y otros inconformistas? ¿Y si nos hubiéramos reunido solo cuando era necesario para desatascar las fuentes, para ayudar a resolver problemas, de forma espontánea y sin esperar a autoridad alguna? ¿Y si esa hubiera sido nuestra forma de entender lo que significa ser un buen ciudadano, un buen transeúnte?

Las normas, y especialmente las leyes, son un sucedáneo, en el mejor de los casos, del verdadero orden: del tipo de orden espontáneo que surge cuando a la gente corriente como el lector o como yo, o como la mujer que viaja a nuestro lado en el autobús, le importa algo lo bastante como para hacer que funcione para todos los interesados, sin necesidad de ninguna autoridad o norma que lo imponga desde arriba. El compromiso y la cooperación espontáneos a escala local no pueden desarrollarse, nunca pueden florecer, si pedimos que las normas y los tribunales hagan el trabajo por nosotros. Porque, de hecho, no pueden. Somos *nosotros* quienes debemos hacerlo. Pero ¿cómo?

Segunda parte

LAS SOLUCIONES

Capítulo 2

NO SEGUIR CIEGAMENTE A LOS LÍDERES

En 2017, dos sencillos principios —la empatía y la solidaridad— se aunaron a través de un movimiento virtual y descentralizado para derrocar a uno de los depredadores sexuales más escurridizos y poderosos de Hollywood: Harvey Weinstein. Iniciando un proceso que traería consigo una forma de justicia para sus víctimas, la etiqueta #MeToo se expandió hasta convertirse en un auténtico fenómeno, el cual, a través de la movilización gradual de miles de individuos que compartieron dolorosas historias de abuso, posibilitó un cambio global en nuestra forma de concebir el consentimiento, la autoridad y el poder. Ese efecto mariposa se desarrolló ante nuestros ojos: pequeños cambios producidos a escala local dieron lugar a transformaciones de enorme envergadura y de ámbito global.[1] Y esta vez el mundo, sus ciudadanos y sus gobiernos tuvieron que prestar atención.

Uno de los grandes problemas de las leyes, y en particular de nuestras constituciones modernas, es que se centran en un liderazgo centralizado y jerárquico, dos aspectos que resultan, como mínimo, ajenos, cuando no directamente contrapuestos, a los procesos de carácter descentralizado y no jerárquico del #MeToo y otros importantes movimientos sociales que han logrado sustanciales mejoras en la forma en que disfrutamos de nuestros derechos y tratamos al prójimo. Históricamente tiene sentido que la ley sea así, ya que las protoconstituciones como, por ejemplo, la Carta Magna se originaron por la necesidad de controlar y regular el poder de los líderes absolutos, limitándolo para hacerlo menos arbitrario. Así pues, nuestras constituciones y leyes electorales modernas nos dicen que el líder, el jefe del ejecutivo, será el que obtenga más votos, ya sea mediante mayoría absoluta, mayoría relativa o lo que quiera que establezca la ley electoral en cuestión. Puede que ese líder solo gane por un pequeño margen de votos, justo para obtener la mayoría absoluta o relativa requerida, y, aun así, él o ella, o su partido, pasará a representar y a dirigir a todos los integrantes de esa entidad política, normalmente un conjunto diverso de pueblos, y a menudo por un número de años previamente establecido. Ha habido y sigue habiendo un importante debate en el derecho constitucional y en la politología en torno a la institución de la presidencia, el papel del primer ministro o presidente del Gobierno, y los méritos y deméritos relativos de los sistemas presidencial y parlamentario. Especialmente a raíz de la violencia que en fecha reciente rodeó las elecciones presidenciales en Estados Unidos y Brasil, o los escándalos de la última década en torno a los líderes parlamentarios en el Reino Unido y Alemania, cada vez somos más los que empezamos a preguntarnos si la Carta Magna y sus sucesoras pueden seguir cumpliendo la función para la que fueron concebidas, si es que alguna vez lo hicieron: controlar a los líderes y fomentar un tipo de liderazgo responsable y respetable digno de nuestra lealtad.

Casi todas las democracias del mundo dotadas de constitución han experimentado problemas con sus líderes en un momento u otro: corrupción, como en Austria en 2021; extremismo, como en Italia en 2023; incapacidad para entenderse de forma constructiva y respetuosa con el adversario político, como en Estados Unidos al final de la primera administración de Donald Trump en 2021... Ha habido escándalos por todo tipo de conductas inapropiadas, de mentiras a delitos sexuales, pasando por un uso inadecuado de los fondos públicos, así como lo que parece ser una constante retórica incendiaria —al menos en algunas democracias—, en la que los líderes se culpan públicamente unos a otros de los males que aquejan al país, cuando en realidad deberían dar ejemplo, mostrando una actitud de respeto y cooperación como parte integrante del mandato de «liderar» a su pueblo.

Cuando empecé a predicar las bondades de la opción constitucional, por ejemplo, dirigiéndome a antiguos presidentes y primeros ministros de todo el mundo en el Club de Madrid, formaba parte de un grupo de académicos que iban por ahí postulando que los sistemas presidenciales resultaban especialmente problemáticos debido a la estructura normativa inherente a las constituciones presidencialistas.[2] Las constituciones parlamentarias, como las de Alemania o Italia, contemplaban la figura de un jefe de Gobierno que necesitaba el apoyo del parlamento para llegar al cargo y permanecer en él, para implementar políticas públicas, para gobernar en suma. Un primer ministro o presidente de Gobierno impopular podía ser expulsado de su cargo a través de una votación con tal de que hubiera la suficiente presión del parlamento para forzar una moción de censura. Esto, argumentábamos, daba a los primeros ministros más incentivos para negociar con el parlamento y buscar soluciones de compromiso en materia de políticas públicas con el fin de sobrevivir, y, consecuentemente, detectábamos que tal negociación y tales soluciones de compromiso resultaban ser más frecuentes en los sistemas parlamentarios que en los países dotados de constituciones presidencialistas. No podía ser de otro modo. En los sistemas presidenciales, el jefe de Gobierno no accede al cargo de forma indirecta después de que su partido político obtenga el mayor número de votos en unas elecciones nacionales; en su lugar, el jefe del Estado es elegido directamente por el pueblo en unas elecciones independientes de las legislativas, por lo que ya desde un primer momento se dan menos incentivos para la cooperación. Los mandatos presidencial y legislativo son fijos, no dependen el uno del otro, y las fechas de las siguientes elecciones se conocen con mucha antelación.

De manera que, para nosotros, en aquel momento, el problema era el *tipo* de norma concreta, no *todas* las normas en sí. Puede que ese todavía siga siendo el caso. El sistema presidencial, con sus periodos electorales fijos y sus mandatos independientes para los poderes ejecutivo y legislativo, de hecho estructura y facilita la paralización y la división, y el tipo de estancamiento en las políticas públicas que, en presencia de un ejército y una historia de intervención militar en la esfera política, tiene más probabilidades de desembocar en un golpe de Estado o —como pudimos constatar en Estados Unidos y más tarde en Brasil— en una insurrección que en el caso de un sistema parlamentario. Pero ¿es realmente mucho mejor una constitución parlamentaria? Tomemos como ejemplo el Reino Unido, un sistema parlamentario con una constitución no codificada, es decir, una constitución compuesta no por un único documento, sino por una colección sustancial de leyes relevantes que existen desde hace aproximadamente unos ochocientos años. Los defensores del sistema parlamentario nos dirán que, pese a los numerosos retos surgidos durante las décadas de posguerra, el Reino Unido nunca ha presenciado un golpe de Estado o una insurrección al estilo de las ocurridas en Estados Unidos o Brasil, por el sencillo hecho de que un primer ministro impopular simplemente pierde su apoyo en el parlamento y no tiene más remedio que negociar acuerdos para obtener el respaldo de otros partidos, o bien dimitir sin que ello requiera usar la fuerza o la violencia. De acuerdo. Pero... la ausencia de violencia no implica que el Reino Unido sea una democracia de mayor calidad, que esté bien gobernado o que sus dirigentes gocen de una amplia legitimidad. No hay más que observar la actuación de Boris Johnson durante la pandemia de covid-19, el llamado *Partygate*, el escándalo sexual en el que se vio envuelto su ministro durante el confinamiento, la actuación de las fuerzas policiales y otras instituciones en ese mismo periodo, y luego la rápida sucesión de primeros ministros después de que finalmente, y de mala gana, Johnson dimitiera. Los mercados se sumieron en el caos, y su sucesora duró menos de un par de meses antes de que el propio Johnson y otros miembros del Partido Conservador se reincorporaran a la reñida contienda. ¿Es suficiente? Puede que las políticas públicas y la actuación de los líderes británicos durante ese periodo no parezcan tan malos en comparación con lo acontecido en el Capitolio estadounidense, pero, desde luego, ni lo uno ni lo otro impidieron que muchos sufrieran abusos policiales o que otros murieran por la covid-19. Por lo tanto, ¿realmente las normas del sistema parlamentario británico demuestran ser mejores que las del otro lado del charco, donde las constituciones presidenciales alientan luchas de poder de índole más violenta? ¿De veras es eso lo mejor que podemos hacer?

Mientras seguimos todas estas normas y confiamos en ellas para obtener el resultado correcto, por el camino nos olvidamos de preguntarnos si quienes se perfilan como líderes son real y auténticamente dignos de nuestra lealtad por más que se sigan todas las reglas; o si, como un algoritmo problemático que nos muestra anuncios de cosas que no tenemos ningún interés en comprar, el proceso y todo su conjunto de normas no han privilegiado, en resumen, un craso error.

¿Cuál es la alternativa al liderazgo en una democracia, o incluso a las leyes electorales que nos dicen cómo conseguir a nuestros líderes? La autosuficiencia espontánea, horizontal y no jerárquica. En fecha reciente hemos presenciado algunos importantísimos ejemplos de buena organización democrática, como el orden espontáneo y no jerárquico surgido durante la pandemia de 2019-2021, que funcionó en el mundo real y lo hizo cuando muchos líderes nos estaban fallando, y en el caso de Estados Unidos, en una de las democracias más importantes del mundo, en medio de una insurrección sin duda instigada por el propio presidente saliente. Dichos ejemplos nos revelaron, en su mayor parte, un orden emergente y constructivo. De hecho, cuando muchos gobiernos y sus estructuras nos han fallado estrepitosamente en los últimos años, hemos actuado por nosotros mismos de forma rápida y eficaz, a nivel local, pero con movimientos que luego han tenido un reflejo a escala global, y todo ello sin esperar instrucciones de líderes jerárquicos. Al margen de los gobiernos y a pesar de ellos, tanto los movimientos de los «indignados» en favor de la justicia social como las sociedades de ayuda mutua que surgieron frente a la pandemia demostraron que podemos aspirar y aspiraremos de hecho a aquello que consideramos justo. Dadas las condiciones adecuadas, formaremos el orden apropiado. El movimiento Black Lives Matter utilizó la protesta espontánea, ayudada por las redes sociales, para vigorizar y animar a una joven generación de activistas que se unieron en torno a un objetivo común. Las sociedades de ayuda mutua surgidas a raíz de la covid-19 salieron a la calle a repartir con la debida cautela alimentos y medicinas a las personas en cuarentena, mientras sus gobiernos seguían discutiendo sobre la importancia de las mascarillas. Ambos ejemplos demuestran que poseemos suficiente fibra moral para vivir sin un orden estable y sin seguir ciegamente a los líderes. Y para convivir bien juntos, o, al menos, igual de bien que si lo dejáramos todo en manos del Gobierno.

Hace unos años, en la ciudad francesa de Grenoble, al pie de los Alpes, un grupo de desconocidos se congregaron de forma espontánea en una urbanización conocida como Villeneuve para rescatar a dos hermanos pequeños de un apartamento en llamas. Los niños, de tres y diez años, estaban atrapados a casi quince metros de altura. Siete hombres, todos ellos inmigrantes de varias antiguas colonias francesas, oyeron los gritos de los niños y se reunieron fuera del bloque. Ninguno de ellos conocía a los demás. Pero, sin dudarlo, se organizaron rápidamente, entrelazando los brazos y gritando a los chicos que saltaran. La mayoría de los siete hombres resultaron heridos en la maniobra de rescate y varios necesitaron cirugía: el peso de los niños al caer les rompió los brazos, los dedos e incluso los hombros a algunos de ellos. Pero los chicos resultaron ilesos. Más tarde, ese mismo año, el Ayuntamiento celebró una ceremonia para agradecer públicamente a aquellos hombres su altruismo. Solo seis de los siete vieron premiada su valentía; el séptimo era un inmigrante indocumentado, que huyó rápidamente tras su papel decisivo en el rescate. Había arriesgado no solo sus huesos, sino también su libertad para ayudar a los niños, y luego había escapado de la ley.[3]

Puede que este sea solo un ejemplo puntual y a muy pequeña escala. Pero comparte cualidades con el altruismo y la actuación de los vecinos cuando el huracán Katrina asoló Nueva Orleans en 2005 o el de los californianos de a pie durante el terremoto de San Francisco en 1906. O con la oleada de protestas que surgió en uno de los últimos espacios verdes y esferas públicas de la cada vez más urbanizada ciudad de Estambul. En 2013, los planes del Gobierno turco de apropiarse de dicho espacio para construir un centro comercial desencadenaron una actuación comunitaria que derivó en una serie de protestas que acabarían extendiéndose al resto de Turquía. Enmarcadas en el que daría en llamarse *movimiento del Parque Gezi*, tales protestas de ámbito nacional se han comparado con las de Mayo del 68 y las de los «indignados». Como describe la socióloga turca Zeynep Tufekci en uno de sus textos, «Las protestas del Parque Gezi, como muchas otras en todo el mundo, favorecían la autoorganización y rechazaban la política y las organizaciones formales. Todo era gestionado por voluntarios, incluidas cocinas comunales, bibliotecas y clínicas que atendían tanto a los manifestantes con dolencias menores como a los que habían sufrido heridas potencialmente letales».[4] Este es, pues, un ejemplo de autosuficiencia de tipo espontáneo, horizontal y no jerárquico, centrada en un tema concreto o una determinada serie de agravios. A menudo viene provocada, o inspirada, por alguna necesidad inmediata, una acción o inacción gubernamental que deja un vacío, un abismo entre lo que se provee y lo que los ciudadanos quieren o necesitan. Tales ejemplos recuerdan en cierto modo a las economías sumergidas que surgieron en el contexto de la planificación económica centralizada del bloque soviético, aunque obviamente con la diferencia crucial de que, a diferencia de las economías sumergidas de los regímenes comunistas, estos movimientos y sus economías no trabajan para obtener un subrepticio beneficio privado, sino para lograr el reconocimiento de ciertos objetivos comunitarios claramente públicos. Y a veces lo consiguen. En 2012, el economista Andrew Haldane, representante del Banco de Inglaterra, declaró públicamente que el movimiento de los «indignados» (*Occupy* en su vertiente anglosajona) tenía razón tanto moral como intelectualmente en sus reivindicaciones sobre la desigualdad en el sistema financiero internacional. En 2014, el Ayuntamiento de Los Ángeles aprobó una resolución para apoyar al movimiento Occupy en dicha ciudad y hacer suyas algunas de sus inquietudes y objetivos,[5] tras lo cual se inició un diálogo entre los ciudadanos autoorganizados y la Administración local.

Todo esto puede parecernos muy moderno, pues las redes sociales han tenido un papel destacado en la historia del movimiento de los «indignados» y otros similares. Es cierto que algunas de estas iniciativas espontáneas de ayuda mutua han hecho uso de las redes sociales para organizarse y cohesionarse, pero también ha habido otras que no. De hecho, este no constituye ni mucho menos un requisito imprescindible, y hay quienes, aun sin tener acceso a internet ni aplicaciones en sus teléfonos móviles, se las han arreglado y siguen arreglándoselas perfectamente para autoorganizarse.[6] Valgan como ejemplo las manifestaciones periódicas que tenían lugar todos los lunes en la ciudad germano-oriental de Leipzig en la década de 1980, en las que un pequeño número de manifestantes se encargaban de informar a escala local de que ese día se reunirían en tal o cual zona concreta de la ciudad para protestar contra el Gobierno socialista y el régimen autoritario de Erich Honecker. Creando lo que los economistas conductuales han denominado una *cascada informativa*, los manifestantes posibilitaron que los ciudadanos de a pie pudieran constatar físicamente el creciente descontento con el régimen, ya que el número de aquellos aumentaba cada semana. Pudieron compartir información sobre el precario estado político y económico de su país, y del régimen en general, cuestionando la propaganda difundida por los Gobiernos de Alemania Oriental y la Unión Soviética, y poco a poco fue aumentando la opinión pública contraria al régimen, hasta culminar con la caída del Muro de Berlín.[7]

Entonces, ¿qué tiene la cooperación espontánea sobre lo que podamos aprender e intentar inculcarlo como un comportamiento por defecto en lugar de una actuación extrema reservada a momentos extremos? Hay cinco elementos comunes a todos estos ejemplos. En primer lugar, existe una necesidad concreta, un vacío que hay que llenar. En segundo término, dicha necesidad se da a conocer y la gente actúa en consecuencia, a menudo difundiendo información precisa y de primera mano. En tercer lugar, quienes actúan lo hacen en aras de esa necesidad, que de algún modo constituye una necesidad compartida, una tensión compartida. En cuarto término, si existe un peligro inminente o un mal metafórico, se considera que este, o su causa, emanan de fuera de la comunidad inmediata; es decir, son externos. Y, en quinto lugar, en torno a esta necesidad se desarrolla una minieconomía de respaldo de individuos autoorganizados para facilitar el trabajo más exigente que es necesario hacer.[8]

Un examen algo más detallado puede ayudarnos a extraer algunas lecciones. Charles Fritz, un soldado estadounidense destinado en la ciudad inglesa de Bath durante la Segunda Guerra Mundial, se dedicó a observar con gran curiosidad y atención antropológica el comportamiento de sus círculos sociales más próximos durante el conflicto, ya que, pese a la sensación general de miedo y privación que reinaba en gran parte del mundo en aquel momento, la gente de su entorno inmediato parecía esperanzada y relativamente feliz. A Fritz le llamó la atención el hecho de que «las tradicionales distinciones británicas de clase habían desaparecido en gran medida. Personas que nunca se habían hablado antes de la guerra mantenían ahora relaciones personales cálidas y afectuosas; hablaban abiertamente entre sí de sus preocupaciones, temores y esperanzas, y compartían con gusto sus escasas provisiones con otros que tenían mayores necesidades. Aunque se podría haber guardado rencor a los militares estadounidenses y de otros países aliados por incrementar la competencia por los escasos recursos, fueron acogidos calurosamente en los hogares británicos, donde encontraron una segunda casa que mitigó su añoranza por su propio hogar y familia».[9] Más tarde, tras regresar a Estados Unidos para estudiar Sociología en la Universidad de Chicago, Fritz publicaría algunos de los trabajos más fascinantes sobre la calamidad y su relevancia para la vida cotidiana, detallando lo que él consideraba los «efectos terapéuticos de las calamidades» y reflexionando sobre las formas en las que podríamos, y de hecho deberíamos, sacar partido del tremendo aumento del comportamiento altruista y prosocial que suelen generar las calamidades, y usarlo para contribuir a nuestra vida social de forma sostenida.[10]

¿Qué descubrió su investigación? Había muy poco en ella sobre normas y leyes. Si lo pensamos bien, las normas y las leyes son algunas de las primeras cosas que se suspenden en tiempos de emergencia. En una vida anterior, esa constatación me habría causado pánico, ya que, cuando se suspenden las normas y los derechos en nombre de la «emergencia» y el «orden público», los gobiernos pueden aprovechar ese margen de maniobra para fomentar agendas controvertidas, cosa que a veces hacen.[11] Pero lo que Fritz descubrió fue que, independientemente de lo que los gobiernos pudieran estar haciendo en esos momentos, la agresividad de los ciudadanos de a pie hacia el prójimo, así como nuestra agresividad hacia nosotros mismos, no aumentaba, o al menos no lo hacía mientras duraban las calamidades. Antes al contrario, disminuía. Además, las conclusiones de Fritz, un tanto paradójicas, revelaban que inmediatamente después de producirse una calamidad solía reinar una moral alta en la comunidad que la había sufrido, a medida que el deseo de volver pronto a la normalidad se extendía por dicha comunidad. Pero lo que nos parece más importante es que Fritz pensaba que había formas concretas de utilizar esta tendencia humana innata al comportamiento constructivo y cooperativo para convertirla en algo, ¡bueno!, llamémoslo *cotidiano*. Los elementos «terapéuticos» de las sociedades transitorias que surgían frente a las calamidades, como él las definía, se convertían en piedras angulares más duraderas y cotidianas de nuestras comunidades.

A diferencia de otros tipos de estrés que pueden afrontar los individuos, las calamidades galvanizan a la gente y promueven comportamientos altruistas. Las catástrofes naturales son concretas (un terremoto, una pandemia o un tsunami son visibles y mensurables), en lugar de vagas y abstractas; y a un tiempo se perciben como actos externos, actos de origen casi sobrenatural, en lugar de actos emanados de la propia comunidad que, además, tienen un origen humano. Esta combinación de factores implica que tales calamidades son muy diferentes de las tensiones de la vida cotidiana y de las amenazas a nuestra seguridad y protección derivadas del racismo, la homofobia y otras divisiones y tensiones internas de nuestras sociedades. Son grandes monstruos externos y cuantificables, en lugar de internos y amorfos. Eso no significa que no podamos modificar nuestra respuesta a los del segundo tipo. De entrada, hemos de tomar medidas para aventar a los monstruos: empezar por reconocer la tensión cotidiana como una tensión compartida, una especie de convencimiento de que «todos viajamos en el mismo barco». La muerte de un ser querido, un divorcio, la adopción de un niño... son en nuestras sociedades industriales modernas asuntos estrictamente privados. Mientras que la mayoría de los medios de comunicación fomentan que la práctica de actividades orientadas a la atención plena y la reducción del estrés se realicen en privado, en la intimidad de nuestros hogares, yo me planteo la posibilidad de favorecer justo lo contrario: dramatizar la tensión experimentada por un miembro de nuestra comunidad como un acontecimiento compartido. Por ejemplo, mi hija de seis años me cuenta que un compañero de la escuela está a punto de perder a su padre a causa de una enfermedad terminal: ¿qué podemos hacer nosotros, como comunidad de padres, profesores y alumnos, para compartir la tensión derivada de la muerte de ese padre? ¿Cómo podemos dejar espacio para la privacidad y la dignidad de la familia inmediata, para la intimidad de los últimos preciosos momentos que tienen para estar juntos, y a la vez llorar colectivamente la pérdida que representa la ausencia de ese padre como comunidad? Esto se da a veces, y en cierta medida, en algunas culturas, pero no con la frecuencia deseable. Y debemos esforzarnos asimismo por reconocer la tensión cotidiana del racismo, la misoginia y otros agravios como agravios *públicos*, no solo contra algunos de nosotros, sino contra todos, como insultos a la comunidad en su conjunto.

¿Y eso por qué? Pues porque las investigaciones revelan que, históricamente, las comunidades cuyos miembros han cuidado unos de otros, y no solo en momento de calamidades, han sido también aquellas donde se han compartido regularmente las tensiones, y que han considerado los ataques puntuales al bienestar de un individuo equivalentes a un asalto a la vida pública, y no solo a la privada.[12] Los cambios inducidos por una experiencia traumática resultan más fáciles de aceptar y procesar cuando se comparten ampliamente, como en las situaciones de calamidad, y las comunidades que comparten esos dolores son más robustas y resilientes. Si la vida moderna nos ha llevado a mantener nuestros propios traumas en privado, también ha hecho que la frustración y las experiencias traumáticas de la vida cotidiana permanezcan en nosotros como individuos y se conviertan así en factores de aislamiento y división. Este aislamiento y esta división nos restituyen al mundo hobbesiano del todos contra todos que nuestras normas, leyes y constituciones pretendían reparar en principio. No es de extrañar, pues, que estas no sirvan para fomentar el altruismo y la comunidad ni para combatir la división y el aislamiento. Porque, al intentar ofrecernos un leviatán, esas leyes y constituciones nos quitaron lo que probablemente más necesitábamos: la experiencia y la responsabilidad compartidas.

Los estudiosos se han preguntado cómo las crisis compartidas pueden afectar a las divisiones sociales más arraigadas, no solo las de clase, como advirtió Fritz, sino también las raciales y étnicas. Y en sus investigaciones han documentado un hecho fascinante: que las pérdidas compartidas, como las que se producen durante las catástrofes naturales, inspiraban objetivos trascendentes, por lo que la gente tenía un motivo para unirse y colaborar, aunque ello supusiera cruzar algunas líneas invisibles. Durante ese proceso se superaban las diferencias de clase, etnia y jerarquía, al menos de forma transitoria, y eso daba lugar a utopías temporales en las que las personas se unían sencillamente para ayudarse unas a otras, fueran cuales fuesen sus potenciales vínculos previos con grupos mutuamente excluyentes. Ahora bien, esas diferencias no se borran con facilidad, y no pretendo afirmar aquí que, entre los innumerables países que exhiben profundas divisiones en ese sentido, los que han sufrido catástrofes naturales hayan resultado ser mágicamente los que mejor las han superado. Pero las catástrofes naturales afectan a todos de manera indiscriminada. Es cierto que quienes más sufren sus efectos son aquellos cuyas infraestructuras estaban peor construidas, y, con frecuencia, este hecho guarda alguna relación con la clase y la raza, lo cual puede resultar, y a menudo resulta, un factor de polarización. Pero existe, no obstante, la percepción de una destrucción compartida debida a un acontecimiento externo y aleatorio y, al externalizar esa destrucción y subrayar que no la ha causado un miembro de la comunidad y al reconocer que ha afectado a todos y arrasado el mundo de todos, podría ofrecer justo el tipo de paisaje social desestructurado que constituye, bastante literalmente, una tabla rasa, que brinda nuevas posibilidades y nuevas oportunidades para la innovación, la cooperación y el cambio.

La relevancia y el posibilismo de los trabajos de Fritz y de otros serían objeto de examen unas décadas más tarde por parte de la autora estadounidense Rebecca Solnit, cuyos propios relatos sobre «paraísos en el infierno» ofrecen inspiradoras historias de solidaridad, ayuda mutua y genuinos ejemplos de la sociedad civil en acción frente a calamidades tan diversas como el Blitz que devastó Londres en la década de 1940 o el terremoto que asoló Ciudad de México en 1985, desmintiendo el postulado predominante de que a las crisis siempre las siguen saqueos y otro tipo de actos de supremo egoísmo. Solnit concluye afirmando, de forma conmovedora, que los individuos y organizaciones que investigó para su libro son capaces de actuar así porque están motivados «por el amor, no por el miedo [...] [como] una especie de gobierno en la sombra, un sistema paralelo listo para actuar cuando lo decidan los electores. El desastre es, en cierto sentido, esos electores [...]. El desastre muestra en qué podría convertirse el mundo».[13]

Podemos lograr que el mundo tenga ese buen aspecto aquí y ahora, como ocurre durante las grandes calamidades, sin la destrucción que estas provocan en las vidas y en las comunidades, pero sí con la que provocan en nuestros miedos y distanciamientos, en nuestros muros de clase, raciales y étnicos, en nuestra profunda privatización de la vida y en nuestra mirada replegada hacia dentro. No nos equivoquemos: la privacidad es y debe ser crucial para nuestros derechos y para nuestras obligaciones hacia los demás. Todos tenemos, como seres humanos, el «derecho a que nos dejen en paz».[14] Pero cuando permanecemos tan apegados a la privacidad que nos enterramos profundamente en ella y la utilizamos como cuña entre nosotros y la comunidad, la propia privacidad deviene problemática y distorsionada.

Podemos empezar por compartir la tensión como una amenaza para todos nosotros. Por más egoístas que seamos, sabemos que la pobreza en el seno de nuestra comunidad inmediata conlleva externalidades negativas que resultan problemáticas para todos, y no solo para los pobres: la pobreza eleva los índices de delincuencia, aumenta los gastos sanitarios y nos afecta a todos. Pero más allá de esta perspectiva egoísta, también debemos sentir compasión por los pobres que hay entre nosotros. Eso es compartir la tensión y hacer que el mal sea externo para que así podamos ser más capaces de encontrarle una solución.

Entonces podremos pasar a organizarnos en torno a las necesidades inmediatas, porque, por fortuna, no siempre habrá crisis, pero sí necesidades. Veamos un ejemplo. Las escuelas públicas de algunos países ofrecen comidas escolares subvencionadas por el Estado, de manera que los niños tienen garantizada al menos una comida nutricionalmente equilibrada al día durante la semana lectiva. Sin embargo, los retrasos en la legislación suelen afectar a la distribución de esas comidas. En Escocia, en 2022, los ministros del Gobierno y los profesores se enzarzaron en un debate en torno a esta prestación, señalando que las comidas escolares gratuitas debían hacerse extensivas a todos los alumnos de primaria.[15] Este tipo de debates generan retrasos y cruces de reproches, no solo en Escocia, sino en todo el mundo, porque se trata de debates políticos: no todos están de acuerdo en la necesidad de gastar el dinero de los contribuyentes en alimentar a los niños. En consecuencia, las políticas públicas en este ámbito tienden a implementarse de manera arbitraria a pesar de que sabemos lo importantes que son estas comidas para el desarrollo de las futuras mentes de nuestros países. Hace relativamente poco, a raíz de la pandemia, un grupo de investigadores de varios países europeos examinaron la situación de una muestra de familias de bajos ingresos con hijos preadolescentes y adolescentes inmediatamente después de la crisis financiera de 2008 en el Reino Unido, Portugal y Noruega. Basándose en sus datos, concluyeron que «las comidas escolares nutritivas y financiadas con fondos públicos protegen a los niños de los efectos directos de la pobreza en su seguridad alimentaria, mientras que una provisión insuficientemente financiada y escasamente regulada de alimentos en las escuelas agrava las experiencias de marginación y exclusión de los niños».[16]

Podemos creer que los gobiernos han de pensar en ello de forma más sistemática, y, sin duda, deberíamos animarlos a hacerlo, pero en muchas partes del mundo la gente no espera a que eso ocurra. Han surgido bancos de alimentos o centros de distribución de comida en los que ciudadanos de a pie se ofrecen voluntarios para facilitar el acceso a los excedentes alimentarios a quienes los necesitan, incluidos los escolares. Estas iniciativas van desde los centros más organizados —que, utilizando donaciones para financiar su trabajo, recogen los excedentes de alimentos de supermercados y mayoristas y los redistribuyen a organizaciones benéficas locales— hasta emplazamientos de ámbito más restringido, establecidos en centros cívicos o huertos comunitarios, donde la gente instala, por ejemplo, un frigorífico con huevos y verduras frescas y anima a los vecinos a llevarse lo que necesitan. La política gubernamental es lenta y gradual y siempre estará plagada de retrasos y contratiempos. Y, si hemos de juzgar por las comidas escolares que suele ofrecer, no puede decirse que su sabor ni su valor nutritivo parezcan muy acordes con la crianza de una población sana y satisfecha. Los bancos y los centros locales de distribución de alimentos están incardinados en las comunidades en las que trabajan y a menudo tienen más sentido de la responsabilidad que los gobiernos: no favorecerán la *pizza* congelada y las patatas asadas, sino que intentarán más bien compartir productos frescos de proximidad y hacerlo de tal forma que se reduzca el total de residuos. Comida local para la población local.

Tomemos como ejemplo la británica Oxford, la ciudad de las agujas de ensueño, que alberga una universidad de primera categoría y también un 29% de niños que viven por debajo del umbral de la pobreza. El condado al que pertenece, Oxfordshire, tiene 83 zonas, y 10 de ellas forman parte del 20% de las más desfavorecidas de Inglaterra. De ahí que grupos como Oxford Food Hub, gestionado exclusivamente por voluntarios, trabajen para ayudar a aliviar la presión alimentaria sin esperar a que el Gobierno haga algo al respecto.[17] Esta entidad, que abastece a más de 150 organizaciones en todo el condado, proporciona el equivalente a unas 20.000 comidas semanales, y eso incluye las escuelas de Oxford.

Así pues, este primer capítulo sobre potenciales soluciones trata en realidad sobre el liderazgo. No sobre cómo conseguirlo o mejorarlo, sino acerca de cómo alejarnos de él y de por qué no parece realmente que lo necesitemos para algunas de las tareas más importantes e inmediatas que afrontamos a diario. Eso no significa que queramos abolir las estructuras gubernamentales y regirnos por la ley de la calle. No implica desobedecer todas las leyes e ignorar a los dirigentes que ya tenemos. Ni quebrantar las normas existentes y adoptar un comportamiento disruptivo para cambiar la política. Más bien significa que, de hecho, vamos a movernos de forma paralela, dando pasos para empezar a construir el tipo de comunidades inclusivas de autocuidado que deseamos y necesitamos, como han demostrado estos ejemplos. Cuando, como ciudadanos debidamente autoorganizados, sepamos lo que necesitamos y lo que queremos, podremos avanzar hacia versiones de calidad, constructivas, de autogobernanza, en forma de acciones que emprendamos como grupo, decisiones que adoptemos en beneficio de nuestras comunidades y ayuda que nos prestemos mutuamente. Esto dejará menos trabajo a los dirigentes electos o guiará a los representantes electos de forma más eficaz para que básicamente sean ellos quienes sigan nuestro liderazgo.

Los críticos podrían replicar a estas afirmaciones sugiriendo que el camino que hay que seguir pasa solo por lograr las normas adecuadas y quizá implicar más directamente a los ciudadanos en los procesos de gobierno y en la elaboración de las leyes, como defienden los partidarios de la demarquía o estococracia, experimentos democráticos en los que se elige al azar a diversos ciudadanos para que nos representen a todos y tomen decisiones que regirán en todo el conjunto de nuestra organización política. En esta corriente de opinión también hay quienes creen que podemos iniciar ese tipo de proyectos a escala local, ampliándolos luego hasta llegar a proporcionar una forma alternativa de gobierno nacional.[18] Entiendo el atractivo de la idea, y creo ciertamente que el diálogo y la comunicación con la administración local constituye un primer paso importante para avanzar. Pero, en la práctica, la idea de la demarquía me trae muy malos recuerdos de cuando me tocó hacer de jurado en Boston, un frío día en el que todos los convocados nos sentamos en la sala sin esperar nada, porque el mero hecho de que estuviéramos allí reunidos y listos para participar en el juicio, con un juez aguardando, significaba que las partes implicadas probablemente llegarían a un acuerdo para evitar que el juicio se celebrara y que el caso pudiera resolverse con un resultado impredecible. No hice ni un solo amigo durante aquellas largas horas de espera; nadie habló con nadie, y nadie se mostró interesado en otra cosa que no fuera salir de allí. Y ese es, me temo, uno de los problemas de la estococracia como solución a nuestras actuales quejas. Cuando las personas no eligen reunirse de forma voluntaria, sino que se las reúne artificialmente por una causa o una cuestión que puede no importarles nada, no podemos esperar mucho de ellas en términos de solidaridad.

La demarquía y otras formas de gobierno basadas en comités ciudadanos aleatorios ponen el carro delante de los bueyes, ya que sugerir tales proyectos sin desarrollar primero un nuevo modelo de ciudadano como representante activo y comprometido de la comunidad es repetir el mismo tipo de desarrollo problemático por el que ya hemos pasado antes. Ya hemos visto ejemplos de demarquía y de comités de ciudadanos, por ejemplo, en países como el Reino Unido y Francia, donde unos gobiernos frustrados introdujeron tales comités para debatir y ayudar a proponer leyes sobre cuestiones complejas como el cambio climático o, más recientemente en Francia, la eutanasia. En varios casos, dichos experimentos fueron muy criticados por no tratarse de auténticos comités ciudadanos con capacidad legislativa o siquiera influencia, sino meras cajas de resonancia de la acción gubernamental. Cuando, hace poco, le pedí a un intelectual francés su opinión sobre tales comités, me los describió como «una sandez»; al menos en la forma que habían adoptado hasta la fecha, en una república democrática que él ha pasado toda su carrera defendiendo.

La filósofa Cristina Lafont señala que muchas de las formas alternativas de democracia representativa que se han propuesto, como la demarquía, siguen exigiendo lo que ella denomina una deferencia ciega: la deferencia de los gobernados hacia los gobernantes, independientemente de cómo se los haya elegido o de su número.[19] De manera que los minipúblicos que defienden los estudiosos siguen nadando en un mar de problemas y de críticas. En mi opinión, resultan problemáticos por las mencionadas razones, pero también porque se centran en arreglar el mecanismo de entrada de las decisiones, en lugar de reformular la democracia primordialmente en términos de acciones.

Tales propuestas también exigen una cualidad de intensa conectividad social que no se da en un área a gran escala, sea o no una democracia deliberativa. Apartémonos del tema por un instante y pensemos en la salud cardiovascular. Un notable estudio, en el que se analizó la probabilidad de sobrevivir durante doce meses tras sufrir un primer infarto, descubrió, entre otras cosas, que las probabilidades de supervivencia aumentaban en un 50% en las personas con «sólidas relaciones sociales».[20] Resultaba que tener relaciones sociales sólidas y positivas era tan importante como dejar de fumar e incluso más que reducir la obesidad como factor correlacionado.

Tomando estos hallazgos como punto de partida, algunos psicólogos evolutivos como Robin Dunbar investigaron qué tal se nos da establecer vínculos sociales sólidos, centrándose para ello en el sustrato neurológico de nuestro cerebro y en los mecanismos cognitivos más importantes que nos permiten trabajar en el seno de un grupo estable con relaciones estables, un tipo de orden social. Y descubrió que el tamaño medio de la red de interacción social que mejor parece funcionarnos es de solo unas 150 personas. Esta cifra, que se conoce como el número de Dunbar, vale para las sociedades de cazadores-recolectores, los ejércitos, las organizaciones y todo tipo de grupos humanos; en el Reino Unido, por ejemplo, se ha comprobado que el tamaño medio de las aldeas era de 150 habitantes en el pasado. También se ha comprobado que en las 250 especies de primates no humanos se da un fenómeno similar: ningún grupo de primates supera los 50 individuos. Sin embargo, si examinamos el asunto con mayor detalle, observamos que, dentro de ese grupo de 150 personas, la red de interacción social real se reduce a solo cuatro o cinco. Incluso en redes digitales como Twitter (hoy x) o Facebook, los datos muestran que a la hora de la verdad solo interactuamos con un grupo de amistad sólido y relativamente estable de cuatro o cinco usuarios. Las capas de contacto social que identificó Dunbar solo revelan cercanía emocional en el círculo más íntimo, integrado por unas cinco personas. Este grupo de cinco individuos era el que más se correlacionaba con el bienestar físico y mental. Dunbar también mostró que estamos encantados de hacer un favor a un miembro de nuestro grupo extenso de 150 personas, pero no de fuera de él, a menos que también obtengamos algún beneficio.[21] Habida cuenta de todo ello, mi propuesta es que deberían ser el grupo primario de cinco personas, más los círculos concéntricos inmediatamente adyacentes, los que constituyeran la base de nuestros grupos de ciudadanos. La clave reside en el hecho de que realmente nos conozcamos e interactuemos repetidamente entre nosotros de cara a hacer planes relevantes para nuestras sociedades. Sería la antítesis, en cierto modo, de los comités elegidos de forma aleatoria. Estemos o no de acuerdo con la interpretación de los datos del trabajo de Robin Dunbar, y las subsiguientes popularizaciones, adaptaciones y reproducciones del número de Dunbar en otros ámbitos, lo relevante aquí es que el tamaño importa. Y, en este caso, cuanto más pequeño, mejor.

Al aumentar la escala más allá de esa red de interacción social básica corremos el riesgo de alejarnos justamente del tipo de organización local interpersonal que de veras importa en este contexto, que hace que la democracia funcione realmente si se pretende que sea una auténtica autogobernanza. Y en lugar de abolir ya de entrada al intermediario, al menos el hecho de elegir a quienes van a representarnos de entre aquellos a los que ya conocemos crea una relación recíproca como primer paso hacia nuestra democracia ideal, y no una lealtad ciega a gobiernos a los que permitimos que rijan nuestros destinos mientras nosotros seguimos con nuestro trabajo, nuestras vacaciones y nuestra suscripción a Netflix.

Cierto día, hace unas décadas, estaba sentada en un aula donde reinaba ya un calor asfixiante a las nueve de la mañana, observando una diapositiva que se proyectaba en una gran pantalla. La imagen mostrada era una estructura de espuma que se asemejaba a un panal. Me encontraba en el Instituto Santa Fe de Nuevo México, del que podría decirse que se trata de un lugar consagrado al efecto mariposa (término derivado de la teoría del caos, la rama de las matemáticas que ha intentado comprender y encontrar patrones en la aparente aleatoriedad de los sistemas complejos del mundo).[22] El joven conferenciante, de la Universidad Estatal de Pensilvania, sudaba mientras describía el proceso por el que las burbujas de espuma forman una estructura estable con el tiempo, un proceso conocido en dinámica de fluidos como coacervación. El mejor y más delicioso ejemplo de coacervación de una estructura de espuma puede observarse en una pinta de cerveza negra de barril. Al principio, toda la pinta parece llena de una especie de crema de color beis. Esta crema no constituye propiamente una entidad en sí, sino que se trata de espuma, millones de diminutas burbujas pegadas unas a otras, compartiendo unos bordes que irán cambiando mientras la jarra permanece en reposo. Algunas burbujas distenderán sus bordes y perderán su gas en favor de las burbujas vecinas; luego lo harán otras, y después otras, hasta que la mayor parte del contenido de la jarra esté formado por un líquido de color caoba con una única capa de burbujas de color beis en su parte superior, en la que la mayoría de las burbujas se asemejan más o menos unas a otras en tamaño y forma. Nadie ha dispuesto las burbujas de ese modo: se han autoorganizado por sí solas. Tras formarse aleatoriamente al caer el líquido del grifo, han encontrado su orden apropiado en la jarra de cerveza.

Este proceso, la coacervación de una estructura de espuma, su redistribución y organización en una pinta de cerveza negra, se produce por sí solo, pero lo hace con tanta elegancia que puede describirse mediante una fórmula matemática.[23] Y en mi opinión, las burbujas de la cerveza nos enseñan algo muy importante acerca de nosotros mismos: cuando se la deja a su aire, la naturaleza, las burbujas en este caso, encuentran su propio camino. Se organizan de forma espontánea en una estructura que funciona bien para todas ellas. Durante un tiempo se hallan en un equilibrio armonioso, que además es perceptible: podemos verlo y saborearlo. Después de disfrutar de ese estado de nirvana durante un tiempo, sabrán que ha llegado el momento de disolverse.

Pero cuando algo interrumpe ese proceso descentralizado y natural, obtenemos un líquido plano y sin espuma, o bien se crea un tipo de orden distinto de naturaleza problemática. En dinámica de fluidos, esta evolución frustrada, en la que a menudo predomina una gran burbuja, se conoce como propagación de un defecto único y suele ser el resultado de la interferencia humana en el proceso natural de las burbujas.

Imaginemos que se interrumpe la evolución de las burbujas mientras intentan autoorganizarse en una placa de laboratorio. Una única burbuja grande aparece en la placa por un error del técnico, que accidentalmente ha dejado entrar un poco de aire en el peor momento. Esta única burbuja de aire está rodeada de otras burbujas más pequeñas, que intentan seguir su curso natural, pero no pueden. Con el paso del tiempo, la burbuja central se va haciendo cada vez más grande, dominando poco a poco todo el espacio como si fuera un autócrata. Toma el aire de las burbujas vecinas, cuyos bordes se colapsan, haciendo que crezca más y más. He tenido ocasión de presenciar este proceso en el Instituto Santa Fe; pero también he visto cómo ocurría en la sociedad, no con burbujas, sino con personas, a lo largo de la historia.

Imaginemos que esa gran burbuja única es el Partido Nazi alemán —el Nationalsozialistische Deutsche Arbeiterpartei, o NSDAP—, una organización que funcionaba de forma extremadamente organizada y jerárquica a través de unos líderes que movilizaban a sus miembros mediante una sociopática mezcla de crueldad y carisma, quitando «aire» y votos a los demás partidos políticos de la Alemania de la época y forzando así el colapso de algunos de ellos;[24] con el tiempo, el Partido Nazi pasó a dominar todo el espacio político. Podemos ver ese mismo proceso, la caída de la democracia de Weimar y el posterior auge de los nazis, en el laboratorio: en mi opinión, observarlo en una placa de Petri probablemente sea lo más parecido a estar allí, a presenciar en primera persona ese colapso y el surgimiento del Tercer Reich.

Obviamente, esta es una forma excesivamente simplista y controvertida de concebir la complejidad de ese periodo de la historia mundial. Yo debería saberlo bien, puesto que he escrito sobre el tema en otros lugares y me he basado en mucho más que una placa de laboratorio de plástico: he recurrido a archivos, entrevistas e investigaciones anteriores de reputados eruditos.[25] Pero me parece una analogía relevante, pues existen grandes similitudes entre las burbujas y nosotros mismos. Y es así porque, cuando en una sociedad surge un orden sumamente estable, como en la Alemania nazi o en la Sudáfrica del *apartheid*, suele ser a través de un proceso lento y gradual de manipulación, propaganda y control jerárquico, que desplaza a otros procesos de carácter más descentralizado y democrático. Ese orden estable y asfixiante actúa entonces en tándem, de forma codependiente, con un liderazgo opresor, y a menudo también con leyes —incluidas las constituciones— que permiten que surja ese tipo de liderazgo.[26] Se interrumpe la autoorganización, con efectos desastrosos. Siempre se nos ha dicho que la naturaleza necesita autoridad para que exista un buen orden. Pero no, la naturaleza no la necesita, y, de hecho, corre el riesgo de asfixiarse bajo el peso de la autoridad.

Volviendo a Santa Fe, aquel año decidimos intentarlo de nuevo, intentar cultivar una sociedad de burbujas en una placa, esta vez utilizando helio de una tienda local de artículos de fiesta para ayudar a acelerar el proceso. Tras discutir un buen rato con el personal de la tienda acerca de por qué no nos interesaban los globos gratis, los estudiantes de doctorado que trabajaban con nosotros los convencieron de que no queríamos comprar el helio para inhalarlo, sino para cultivar sociedades artificiales en una placa de laboratorio. Nos pusimos manos a la obra. Cuando llegué al laboratorio temprano al día siguiente para examinar el experimento, no encontré la estructura sólida que esperaba ver: no había un panal ordenado, pero tampoco un defecto único; aparentemente no había ocurrido nada. Y entonces me di cuenta, justo antes de darme la vuelta y salir del laboratorio: había una grieta en el lado izquierdo del marco de plexiglás, una grieta que dejaba entrar el aire, perturbando a todo el conjunto de burbujas en su intento de establecer su buen orden: algunas burbujas distendían los bordes y se unían a otras, mientras que otras desaparecían.

Lamentablemente, parecía un experimento fallido y un auténtico desastre.

Pero al observar con más atención afloró en mi rostro una sonrisa.

—¡Le Pen! —grité.

El joven profesor que dirigía el laboratorio prorrumpió en una carcajada. Su alumno de doctorado en matemáticas aplicadas, aparentemente harto de mis extrañas analogías, puso los ojos en blanco. Algo de razón tenía. Pero he aquí la cuestión: cuando el líder conservador extremista Jean-Marie Le Pen irrumpió en la escena política francesa en la década de 1970, a través de unas elecciones al Parlamento Europeo, su grupo era pequeño, casi diminuto. El resto de las formaciones pudieron hacerle el vacío y mantenerlo a raya. No parecía tener ninguna posibilidad. Surgió desde el margen, como un pequeño soplo de aire perjudicial que se filtrara en el marco de una estructura política estable y democrática.

Con el tiempo, ocurrió algo tremendo. Su «aire», su mensaje, empezó a calar. Conforme la gente empezó a votar a su partido, él, aquel pequeño soplo de aire perjudicial, alteró el equilibrio de todo el sistema político francés. Los partidos conservadores de la derecha le cedieron parte de su aire, y también los partidos de extrema izquierda. La gente de extrema izquierda y extrema derecha empezó a simpatizar con su retórica antiinmigración y con su defensa de los «valores franceses» tradicionales. Así, todos los partidos del espectro político francés modificaron su forma al desplazarse para hacer sitio a aquel soplo de aire nuevo. Tanto es así que, en 2002, Jean-Marie Le Pen, el político racista, populista y antidemocrático, llegó a la segunda vuelta de las elecciones presidenciales francesas. Se convirtió en un actor de la escena política, y, además, uno de los principales. Entró en el marco por error, filtrándose por una minúscula grieta llamada Parlamento Europeo. Un proceso no muy distinto del de Donald Trump y otros intrusos que hemos visto aparecer, de forma bastante gradual y sorprendente, en las democracias. Y todo ello, probablemente, porque una vez que se colaron por la grieta del marco y perturbaron la organización natural de los demás partidos, entraron en acción nuestros conjuntos de normas electorales y constitucionales y nos hicieron vulnerables a seguir ciegamente a los líderes, por más problemático que resultara.

Así pues, no siga ciegamente a los líderes. En su lugar, actúe como una burbuja; una burbuja empática y cooperativa.

Capítulo 3

EJERCER NUESTROS DERECHOS, PERO CON RESPONSABILIDAD

Cierto día, en 2005, iba sentada en el asiento trasero de un herrumbroso Renault plateado junto a Hakim, el gran cadí de Mayotte, a quien ya hemos conocido antes en este libro. Él llevaba una *dishdasha* blanca tradicional y el pelo recogido en un turbante con un dibujo en forma de mosaico. Sus gafas rotas, sujetas con cinta adhesiva, le resbalaron por la oscura piel de la nariz mientras se dejaba caer ligeramente hacia la derecha en el asiento de vinilo gris. Viajábamos por la Ruta Nacional 1 con destino a Mtsamboro, una pequeña aldea pesquera situada en el norte de la isla principal del archipiélago, donde se había producido un conflicto irresoluble. Nuestra intención era mediar en él.

Todos los que íbamos en el coche compartimos una naranja mientras el gran cadí nos informaba del caso. Una joven afirmaba que pretendían engañarla para quitarle su derecho a la vivienda familiar. Hakim me recordó que, en el siglo VII, unos colonos procedentes del mar Rojo desembarcaron en estas pequeñas islas, situadas frente a la costa de Madagascar, y se encontraron con una próspera población africana bantú regida por un matriarcado. Las mujeres eran fuertes y se las consideraba importantes. Los colonos introdujeron el islam, estableciendo un sistema de tribunales y cadíes o jueces islámicos. Las normas y leyes islámicas coexistían con las tradiciones y normas sociales bantúes, aunque estas últimas tenían un papel preponderante en la vida cotidiana de la población. Cuando, más tarde, el sultán de Mayotte vendió las islas a los franceses, en el siglo XIX, el archipiélago pasó a formar parte de la República Francesa y, como tal, a estar regido por la Constitución francesa. Al menos en teoría. Porque la realidad era que estas gentes no eran exclusivamente francesas, ni musulmanas, ni africanas: eran todo eso a la vez, y ahora se regían por múltiples normas y leyes, por una constitución impuesta por Francia que coexistía con otras culturas y tradiciones. El pluralismo jurídico, como les gusta llamarlo a los antropólogos, reinaba ahora en las islas.

Todo esto puede parecer exótico y peculiar. Pero lo cierto es que resulta ser como la mayoría de los lugares del mundo, donde, de hecho, coexisten múltiples conjuntos de normas con diversas tradiciones y diversas capas superpuestas en cuanto a la elaboración y la modificación normativa, y por las que se rigen gentes cuya ascendencia y cuya identidad son heterogéneas y complejas. Y aquí es donde las cosas pueden ponerse muy difíciles, cuando confiar en la ley como única forma de decidir y asignar la distribución de los derechos puede ocasionarnos más problemas de los que resuelve.

En la tradición matriarcal africana bantú, las niñas son respetadas y valoradas; están bien integradas, social y económicamente. En sus familias, la madre desempeña un importante papel organizador.[1] Así, en Mayotte, inequívocamente influenciada por las tradiciones matriarcales, la costumbre dictaba que, cuando los progenitores fallecen, es la niña la que hereda de forma preferente la casa familiar antes de que su hermano varón tenga derecho a ella; si no hay casa, su hermano está obligado por su condición social y la costumbre a construirle una. Esta norma había existido durante siglos y era apreciada como un elemento de paz social, incluso en las décadas posteriores a la introducción del islam.

Cuando, más tarde, los franceses implantaron su derecho laico en las islas, los varones de Mayotte tuvieron que incorporar una nueva serie de normas, entre ellas la igualdad ante la ley. Y según la ley sucesoria francesa, ahora un varón tenía derecho a lo mismo que su hermana.

¿Cómo afectaba esto a su comportamiento? Los jóvenes empezaron a usar las leyes estratégicamente unos contra otros, perturbando lo que hasta entonces había sido un aceptable tejido social. Según la tradición bantú, los varones no tenían derecho a la casa si una mujer había sobrevivido a los progenitores y la quería para sí. Según la ley republicana francesa y el principio de igualdad, varones y hembras debían repartirse equitativamente la herencia, por lo que ahora los primeros también tenían derecho a parte de la casa. Entonces, ¿ese principio constitucional y jurídico francés había instaurado la igualdad en la ley sucesoria de Mayotte? Pues no, porque la introducción del derecho francés vino a recordar a los varones que, según la ley islámica por la que durante un tiempo también se habían regido sus islas, ellos tenían derecho a recibir el doble que las mujeres en la herencia. Así que algunos empezaron a invocar la ley islámica en el momento de heredar, cosa que no habían hecho hasta entonces, para obtener más que una parte igualitaria en algunos casos, y, en una perversión de todas las leyes —tal como me explicó Hakim—, para sacar, de hecho, todo lo que pudieran en otros.

La introducción de normas escritas codificadas vino a perturbar la tradición social y produjo en su lugar un auténtico batiburrillo normativo que no solo generó confusión, sino que propició asimismo la elección estratégica y egoísta de aquellas normas y leyes que mejor convenían a cada individuo. El resultado fue peor que el desorden: en una especie de menú degustación de algunas de las mejores tradiciones jurídicas —islámica, republicana francesa y bantú—, lejos de engendrar un buen orden social, todo aquel conjunto de normas no hizo sino facilitar un proceso de desintegración social.

Podría decirse que este resultado era inevitable y que ponía de manifiesto el propósito de las normas desde la perspectiva de cualquier agente que aspire a la supervivencia: obtener un beneficio. Entonces, ¿a quién le importa?

Lo cierto es que debería importarnos. Hemos de ser conscientes de que Mayotte no constituye una excepción exótica. Las leyes, normas y constituciones suelen ser como una especie de capa con la que nos cubrimos para interpretar un papel, que alteramos y modificamos para adaptarlas a las circunstancias políticas de cada momento. Sin esas normas y leyes, pero con el conocimiento de nuestros derechos, ¿tendríamos más incentivos para transigir y negociar, para volver a los pactos y acuerdos sociales basados en la comunidad, la confianza y la identidad compartida? ¿Y no sería una solución más duradera que limitarse a clarificar y racionalizar las leyes (si eso fuera siquiera posible) y culpar al pluralismo jurídico de los problemas? Porque el beneficio egoísta de suma cero no forma parte del proyecto de ser un buen ciudadano. Lo que debemos hacer, en cambio, si pretendemos formar un nuevo tipo de ciudadanos, es comprender que, restringiendo un poco nuestros propios derechos, podemos ayudar a que otras personas disfruten también de los suyos.

Eso implica ser dueños de nuestros derechos de una forma que nos permita llegar a acuerdos con respecto a cuándo estos pueden ejercerse, pero también con respecto a cuándo debemos optar por limitar la expresión de nuestro propio derecho para proteger los derechos de otros. Se trata de una negociación de los derechos desde abajo, es decir, participativa, no muy distinta de la original solución bantú a la ley de sucesiones. En la práctica significa trabajar en favor del intercambio mutuo y encontrar una base para ello, de tal modo que, por ejemplo, una pareja gay pueda comprarle un pastel para su boda incluso a un pastelero cristiano, quien es capaz de ver simplemente la humanidad de la pareja que tiene delante en lugar de a una pareja cuyas preferencias sexuales entran en conflicto con las suyas.

Una persona escéptica podría decir: «Saber cuáles son nuestros derechos y cómo protegerlos resulta difícil para el ciudadano de a pie, así que ¿por qué no dejamos que la ley, la constitución, lo haga por nosotros? La ley nos dice si los homosexuales pueden mantener relaciones sexuales legalmente en la intimidad de sus hogares; nos dice si pueden casarse y disfrutar de la protección económica del Estado. Nos dice si podemos poseer armas legalmente. Si podemos ayudar a alguien que sufre un profundo dolor a poner fin a su vida. Si una mujer puede abortar legalmente en su localidad. Nos dice todas estas cosas tan complejas, ¿no es cierto? Dejemos entonces que los tribunales y los jueces decidan y que la policía vele por su cumplimiento».

Pues bien, la constitución, las leyes y los jueces no nos dicen todo eso con claridad. La mayoría de las veces nos lo dicen de una forma ambigua, tal como hizo, por ejemplo, el Tribunal Supremo de Estados Unidos en el caso Roe contra Wade y, más tarde, en el caso Dobbs contra Jackson (los veremos ambos a continuación). Ese es el problema de dejar la decisión sobre nuestros derechos completa y exclusivamente en manos de la ley.

Piénsese en uno de los elementos de dicha ambigüedad: si todo estuviera tan claro, ¿podrían discrepar unos juristas y expertos en derecho altamente especializados y bien informados acerca de qué es realmente lo «correcto»? Por seguir con el ejemplo: ¿discreparían tanto como lo han hecho durante décadas, y continúan haciéndolo, los jueces del Tribunal Supremo estadounidense?

La interpretación constitucional —intentar conocer cuáles son nuestros derechos y si realmente disfrutamos o no de ellos— es nuestra tarea, una tarea que nos compete a todos como titulares de tales derechos. Pero hace tiempo que hemos perdido esa capacidad de interpretación. Nuestra musculatura de interpretación se ha debilitado. Hace mucho tiempo, en algún momento poco después de que se elaboraran nuestras constituciones, fuimos cediendo gradualmente la tarea no solo de redactarlas, sino también de interpretarlas —de intentar comprender, por ejemplo, si un acto sexual estaba protegido por nuestro derecho a la intimidad— a unos jueces que pasaron a actuar como custodios de nuestros derechos. Esa no era la idea originaria de la judicatura, sino que evolucionó cuando la legislación ordinaria entró en conflicto con la constitución. Conforme las constituciones iban creciendo en extensión y complejidad y nuestro corpus de legislación ordinaria hacía lo propio, con más derechos y más obligaciones y más limitaciones, necesitábamos a alguien que hiciera un seguimiento de los conflictos que se producían entre ambas. Y esa fue la deriva gradual que nos llevó a pensar menos en ello, porque fue entonces cuando confiamos en otros para que decidieran sobre esas cosas por nosotros.

Pero la interpretación constitucional, cuando la realizan los jueces, no es sino una forma de traducción: alguien debe traducir la palabra de la que se dejó constancia escrita hace largo tiempo para otras personas; en el caso de Estados Unidos, por ejemplo, para los pobladores que vivieron hace doscientos cincuenta años en una Norteamérica muy diferente de la actual. Hoy es necesario traducir ese documento constitucional no a un idioma diferente, sino a una época diferente y para personas diferentes. Las circunstancias, los contextos, las razas, la tecnología, las ideas sobre el género y la igualdad y, básicamente, muchos de los valores fundamentales han cambiado, a veces de forma drástica. ¿Puede hacerse realmente esa traducción, esa interpretación, de una forma justa y equitativa para todos? ¿Puede traducirse la palabra escrita en el texto para hacer justicia a personas reales que tienen conflictos reales en un momento real? ¿Y qué hay de los países con constituciones seculares estrictas, como Francia, con su peculiar forma de *laïcité*, o Alemania, donde los inmigrantes más recientes, musulmanes practicantes procedentes de antiguas colonias, no hallan espacio para la expresión religiosa en la esfera pública porque hasta su propia vestimenta está a veces proscrita según la interpretación de los textos constitucionales?

Traduttore, traditore: traductor, traidor. Así acusaban los italianos en el siglo XVI, cuando parecían proliferar las numerosas traducciones francesas de su amado Dante. Traducir, afirmaban, es traicionar. Y solo se puede hacer una cosa para evitarlo: hay que dejar de traducir. En su lugar, debemos aprender la lengua de nuestros derechos. Debemos hacerlo por nosotros mismos.

He aquí un ejemplo, y uno de los trágicos. En la década de 1980, Joshua DeShaney, un niño de cuatro años, fue golpeado tan brutalmente por su padre que entró en coma. Una operación cerebral de urgencia reveló hemorragias causadas por lesiones traumáticas sufridas durante un largo periodo de tiempo. La madre de Joshua demandó al Departamento de Servicios Sociales (DSS) del condado de Winnebago (Wisconsin) por violación de la libertad y la igualdad ante la ley de Joshua, amparándose en la Decimocuarta Enmienda de la Constitución estadounidense, y demostrando que el DSS era consciente de los repetidos malos tratos y no había hecho nada por intervenir y proteger a Joshua. Cuando el caso llegó ante el Tribunal Supremo estadounidense, la mayoría dictaminó que, en virtud de la constitución, el DSS no era responsable de proteger a Joshua de ese modo, por lo que no había faltado a su responsabilidad con el niño.

«¡Pobre Joshua!... Constituye un triste comentario sobre la vida estadounidense y los principios constitucionales —tan llenos en los últimos tiempos de fervor patriótico y orgullosas proclamas sobre "libertad y justicia para todos"— que, a este niño, Joshua DeShaney, se lo condene ahora a vivir el resto de su vida profundamente retrasado», escribió el juez Harry Blackmun en su voto particular, disintiendo así de la opinión mayoritaria de su tribunal y de su interpretación de la constitución. Demostrando básicamente que el leviatán estaba dividido y confuso, el juez Blackmun no podía haberlo dicho más claro: la constitución no nos da orden ni justicia. Y la autoridad puede hacer poco al respecto, porque la propia autoridad está dividida.

Elena Kagan, actual magistrada del Tribunal Supremo de Estados Unidos, era una joven asistente jurídica de dicha corte cuando el caso de Joshua se sometió a su consideración. Kagan escribió entonces un memorando en el que instaba a los magistrados a *no* aceptar el caso *debido a su extrema importancia.*[2] ¿Su razonamiento? Había claros indicios de que en los tribunales de nivel inferior o en los juzgados de distrito, de forma descentralizada, algunos jueces y miembros de la Administración local estaban empezando a leer obligaciones positivas en la constitución estadounidense: obligaciones positivas que protegerían a más Joshuas de cualquier daño, que fomentarían una mayor responsabilidad por parte de los servicios sociales locales, que negociaban los derechos de forma participativa. Dada la composición política del tribunal en aquel momento, con una mayoría conservadora, Kagan temía una sentencia negativa que sentara un precedente vinculante en todo el territorio estadounidense y frenara la negociación de derechos espontánea y positiva que ya se estaba produciendo sin la autoridad suprema de la corte. Sus temores se hicieron realidad.

Y, asimismo —lo que quizá sea más importante de todo—, están también las cuestiones que en su momento no se plantearon ante el tribunal: ¿dónde estaban los vecinos en este caso?; ¿dónde la comunidad?; ¿dónde los buenos samaritanos?; ¿por qué nadie hizo nada, luego la gente simpatizó con el voto particular que incidía en la aflicción del pobre Joshua, pero aun así aceptó la sentencia del Tribunal Supremo?

Lo que hemos de entender es que las leyes y las constituciones no son la respuesta definitiva para tener una buena vida y que, de hecho, pueden perjudicarnos en importantes aspectos, al fallarnos, al abrirse a interpretaciones que no nos protegen y luego consagrarlas como definitivas o, al menos, hacer que sean muy difíciles de cambiar. También pueden, como en los casos de libertad religiosa, causar tal conflicto y desorden que los individuos queden abandonados a su suerte, luchando por encontrar una salida como insectos en una telaraña. Y lo que probablemente resulte aún más crucial: nos fallan asimismo si nos arrebatan nuestros derechos solo para devolvérnoslos adaptados a un conjunto de normas establecidas por un grupo de personas de una época muy muy lejana, en lo que a veces podría parecer también una galaxia muy lejana. Valga como ejemplo la sentencia relativamente reciente del Tribunal Supremo estadounidense sobre el aborto. En el caso Dobbs contra Jackson, una mayoría del tribunal dictaminó que la mayoría que había fallado previamente en el caso Roe contra Wade —otro caso emblemático sobre la cuestión del aborto en Estados Unidos— se había equivocado: que la Constitución estadounidense no recoge en su texto el derecho de la mujer a abortar y, en consecuencia, corresponde a cada estado legislar al respecto.

«La interpretación jurídica se da en un ámbito de dolor y muerte»: así empieza un conocido artículo de uno de los juristas más interesantes de nuestra época, Robert Cover, antiguo profesor de la Facultad de Derecho de Yale. De hecho, y como él mismo pasaba a afirmar a continuación, «un juez formula su interpretación de un texto y, como resultado, alguien pierde su libertad, su propiedad, a sus hijos o incluso su vida».[3] Es lo que él denominaba la violencia de la palabra. El propio Cover, que escribía a mediados de la década de 1980, presenciaba las consecuencias de esa interpretación en torno a él y parecía asustarle sobremanera. Y ello porque ciertamente las constituciones pueden perjudicarnos al estar sujetas a interpretaciones, cosa que, por otro lado, deben hacer. Tales interpretaciones no siempre nos protegen y, aun así, la interpretación de un magistrado puede afectar y afectará, de hecho, a la vida de las personas, tanto en términos cualitativos como cuantitativos. Y, como ya hemos señalado, la interpretación de un juez también puede causar tal conflicto y desorden que los individuos se vean obligados a tener que esforzarse en buscar una salida por sí mismos. ¿Y en qué ayuda eso a promover la paz social?

Existe un caso hipotético muy popular que los profesores de derecho estadounidenses utilizan en sus clases todos los años. Planteado en 1949 por el jurista Lon Fuller, postula una situación imaginaria, que tiene lugar en el quinto milenio, en la que cinco espeleólogos se quedan atrapados y, mediante una serie de decisiones adoptadas bajo una tensión extrema, matan y se comen a uno de los miembros de su grupo para sobrevivir.[4] Una vez rescatados, son juzgados por asesinato y, siguiendo la ley de la época, condenados a muerte. El tribunal supremo que decide su destino está integrado por siete jueces, cada uno de ellos con una interpretación distinta tanto de la ley como de los hechos relativos al caso. Desde la formulación original de este caso, hace ya más de medio siglo, diversos juristas de renombre han añadido más magistrados hipotéticos y más opiniones posibles. El objetivo del ejercicio es introducir a los estudiantes de derecho en la imposibilidad de la interpretación y, al mismo tiempo, en las dramáticas consecuencias de esa imposibilidad necesaria.

Consideremos una situación similar, pero esta vez real, en la que todo el mundo está en desacuerdo y un juez se ve en la necesidad de interpretar rápidamente la constitución porque está en juego la vida de un adolescente enfermo. En 2007, pocos días después de la celebración del Día de Acción de Gracias, el joven estadounidense Dennis Lindbergh se encontró justo en esa situación. Testigo de Jehová por influencia de su abuela, y con solo catorce años de edad, Dennis murió de leucemia pocas horas después de que el Tribunal Superior del condado de Skagit, en el estado de Washington, refrendara su derecho a rechazar una transfusión de sangre que le habría salvado la vida. Su negativa se basaba en su derecho constitucional de libertad religiosa. El juez encargado del caso declaró que el muchacho «básicamente se está sentenciando a muerte a sí mismo», pero respaldó su derecho a hacerlo, señalando que, debido a su religión, «cree que con la transfusión se volvería impuro e indigno».[5]

Como estadounidense que vive desde hace décadas en Europa, a menudo veo Estados Unidos como un astronauta que viera la Tierra por primera vez desde el espacio exterior. La visión desde aquí suele ser tremendamente clara, puesto que la particular concepción estadounidense de la libertad, amparada por la constitución, posibilita una amplia variedad de prácticas tanto públicas como privadas, desde el derecho a la libertad de expresión, incluida la controvertida «incitación al odio», hasta las exenciones de la ley por motivos de tolerancia religiosa. Es un mundo distinto del europeo, influido tanto por el derecho romano como por las secuelas de la guerra y el comunismo, y donde la primacía no recae en el individuo. En el caso de Dennis Lindbergh, el juez que instruía el caso no tenía nada que pudiera contrarrestar el derecho constitucional de libertad religiosa de Dennis para poder salvarle la vida. La obligación de salvarle la vida no figuraba en la constitución. No porque no existiera, sino porque —y esa es la clave— no se plasmaba en el texto. El juez no la «encontró», no interpretó el texto de un modo que le permitiera hallar allí esa obligación, pero quizá podría haberlo hecho. Había opiniones discrepantes: la de los médicos que trataban al joven, que estaban obligados por el código deontológico de la Asociación Médica

Estadounidense y querían salvarle la vida; la de sus padres, que no eran religiosos y también querían que viviera, y, por supuesto, la del propio Dennis, que alegaba que estaba obligado por las leyes de su religión, protegidas por la Constitución estadounidense. Cuando todas esas «normas» —la constitución, el código ético médico y las leyes religiosas de los Testigos de Jehová— entraron en conflicto, junto con las diversas opiniones divergentes de los padres de Dennis, los médicos, la abuela y el propio Dennis, ¿dónde encontrar el buen orden?, ¿dónde hallar la justicia? Dennis, un chico de catorce años en un precario estado físico y mental, murió. ¿No se supone que las normas, las leyes y, sobre todo, las constituciones debían protegerle a él, el más vulnerable de entre nosotros, enfermo y menor de edad? Dennis no quería morir, pero tampoco quería sentir que su sangre era impura, como dictaminaría su religión si hubiera aceptado aquella transfusión y las posteriores que hubieran sido necesarias para seguir vivo. Así que se decidió por la muerte, su única opción. ¿Eso es justicia?

Comparémoslo con el caso de otra joven estadounidense. En la década de 1980, la suerte de Karen Ann Quinlan conmovió a toda una nación. Quinlan, una muchacha de 21 años de Pensilvania previamente desconocida, se convertiría en una de las figuras más polémicas de Estados Unidos durante casi una década. Tras entrar en coma después de ingerir Valium y alcohol, Quinlan se sumió en un estado vegetativo permanente. Sus padres, católicos practicantes, solicitaron que se le retirara el respirador artificial que la mantenía con vida por considerar que le causaba dolor. Los médicos se negaron, aunque había pruebas de que, en efecto, se hallaba en estado de muerte cerebral. Sus padres buscaron una autoridad capaz de deshacer el nudo gordiano: en 1975 presentaron una demanda que derivó en una apelación ante el Tribunal Supremo de Nueva Jersey. En 1976, dicho tribunal halló en el derecho a la intimidad de Quinlan una justificación para atender la petición de sus padres y se le desconectó el respirador. Quinlan siguió viviendo, alimentada mediante nutrición artificial, durante nueve años más, hasta que sufrió un fallo respiratorio y murió de forma natural en 1985.

Un juez podría, con la misma facilidad, no haber encontrado en el derecho a la intimidad de Quinlan una base que fundamentara a su vez su derecho a no seguir conectada a un respirador. Encontrar derechos, pero también no encontrarlos, es la constante misión de la interpretación judicial. Pero ¿qué nos asegura que los derechos que se encuentran, o que no se encuentran, son correctos, que ese proceso brinda justicia para todos? La Constitución estadounidense, como todas las constituciones del mundo, coexiste con otras muchas leyes, normas y códigos, pero también con arraigadas tradiciones y creencias. Como ocurre en nuestra historia sobre Mayotte. En otra república hermana de la estadounidense, la francesa, los jueces han denegado a menudo a ciudadanos creyentes —incluidos los adultos— su derecho religioso a rechazar un tratamiento médico, alegando la obligación de preservar la vida por encima de todo. Constituciones similares, derechos similares y retos similares; pero interpretaciones muy distintas, traducciones muy distintas.

Algunos de estos ejemplos pueden parecer anomalías en un sistema por lo demás justo, sombríos dramas lacrimógenos propicios para aparecer en los medios de comunicación. Pero no lo son. Son ejemplos de lo que ocurre cada día en nuestras democracias: en este momento, en algún lugar, un juez está interpretando la constitución de su país y, al hacerlo, está tomando una decisión de vida o muerte. ¿Quién puede decir que su decisión es la «correcta», que su interpretación es apropiada? ¿Y se equivocan, entonces, quienes discrepan? Normalmente no. La interpretación constitucional, y la interpretación jurídica en general, es una cuestión de opinión y, como tal, implica necesariamente traicionar las opiniones de otros. Por citar un tópico: es mucho lo que se pierde en la traducción.

Pongamos otro ejemplo. En octubre de 2004, una niña musulmana de quince años que vivía en Estrasburgo puso de relieve ese mismo problema de forma especialmente conmovedora: se afeitó la cabeza para poder asistir a la escuela, alegando que ese acto era la única forma que tenía de respetar simultáneamente tanto la nueva ley francesa sobre la laicidad, que regía su vida pública y prohibía los pañuelos islámicos en las escuelas no privadas, como la ley islámica tradicional, que regía su conciencia y le exigía cubrirse el cabello en público. Llevar la cabeza rapada le permitía sortear ese conflicto normativo. Fue una forma espontánea de encontrar un equilibrio que permitió a la joven asistir a la escuela. Las normas, las leyes y la Constitución de Francia no la protegían ni la ayudaban necesariamente en aquella compleja situación por más que afirmaran hacerlo.[6] Creaban una situación de desorden, y ella había encontrado una salida; pero quizá no sería el camino que habría elegido de haber existido alternativas.

Estos son solo algunos ejemplos concretos, pero hay muchos otros similares. Y todos ellos apuntan a un hecho que está presente en todas partes, todos los días y que resulta innegable: algunas normas y algunos conjuntos de ellas muy bien diseñadas, como las leyes y especialmente las constituciones, fallan a la hora de proteger nuestros derechos. Fallan a la hora de protegernos y salvaguardarnos frente a cualquier perjuicio potencial. A veces, como en los casos antes mencionados, sus artículos y enmiendas permiten prácticas peligrosas y eximen al Estado de la responsabilidad de ayudarnos, aunque en muchos sentidos dependamos de ellos para obtener esa ayuda.

Son los tribunales supremos, presentes en todas nuestras sociedades, los que se encargan de ello. Constituyen la instancia de más alto nivel en el sistema judicial y, por lo tanto, el más alto tribunal de apelación, pero también son garantes de la constitución. Los tribunales constitucionales son un tipo de instancia distinta, pero también ejercen esa función.[7] Existen asimismo para salvaguardar la constitución, pero lo hacen fuera de la estructura regular del poder judicial del Estado, y la protección constitucional es su principal tarea. Es más: en algunos países, los tribunales constitucionales pueden incluso realizar revisiones abstractas, lo que permite a sus magistrados ofrecer opiniones que aún no se basan en ningún conflicto concreto sometido a su consideración. En otros, como Alemania, los ciudadanos particulares pueden acudir directamente al tribunal constitucional, a través de una petición individual, si pueden demostrar que han agotado todas las demás vías de recurso y que se han conculcado sus derechos.

Tanto los tribunales supremos como los constitucionales están ahí para garantizar que el leviatán al que confiamos nuestro orden sigue actuando de acuerdo con las principales normas, la ley superior y nuestros valores convenidos. Esto puede ser útil, y, de hecho, lo ha sido. Pero somos sociedades cada vez más diversas y, con frecuencia, incluso cuando estamos de acuerdo en los principales valores y en la jerarquía comúnmente aceptada de estos, puede que no siempre lo estemos en la interpretación de dichos valores o en sus límites. No estoy sugiriendo aquí que debamos suprimir las declaraciones de derechos de las constituciones o siquiera las constituciones mismas. Puede que con el tiempo, pero aún falta mucho para eso. Y ciertos derechos, como los de tipo médico que afectan a la vida y la muerte, sin duda necesitan algún timón, alguna forma de regulación, mientras averiguamos qué hacer. Así que por ahora deben existir, pero deberíamos trabajar por un futuro en el que al menos no tengan un papel protagonista. Más bien, las constituciones deberían ser los mínimos contextos en los que trabajamos, los actores suplentes en nuestros dramas. Hemos de aspirar a nuestros propios órdenes dinámicos, ponernos de acuerdo sobre nuestra propia justicia. Debemos mostrar obediencia civil, pero a nosotros mismos y a todos los que forman parte de nuestras comunidades. Hemos de ser dueños de nuestros derechos, pero de forma responsable.

A veces tendremos que limitar el pleno ejercicio de nuestros propios derechos para proteger los del prójimo. Se trata de una negociación, en la que tendremos que involucrarnos cada día.[8] Y es una negociación que a veces fracasará, porque algunos individuos se negarán a renunciar a lo que consideran que les corresponde. Las posibilidades y la promesa de acrecentar esa negociación, de ampliar el espacio para ella, se reducen en última instancia a nuestra concepción consensuada de la justicia. No nos equivoquemos: cuando hablo de justicia, no estoy abogando aquí por justicieros tipo Clint Eastwood o Quentin Tarantino, por muy satisfactorios que puedan parecer a primera vista algunos de los finales de sus películas. Tampoco es este un respaldo a la delincuencia organizada, esa forma jerárquica de defección del Estado, por más que reconozcamos que los grupos delictivos organizados también cuestionan las leyes y las estructuras de autoridad vigentes y, al hacerlo, presentan un proyecto de Estado alternativo.[9] Pero quizá sí sea una reacción mía ante el mundo descrito por Al Pacino en su alegato final como abogado rebelde de la defensa en *Justicia para todos*, un drama judicial de la década de 1970: «Justicia para todos. Solo que aquí tenemos un problema ¿Y saben cuál es? Que ambas partes quieren ganar. Queremos ganar sin que nos importe la verdad. Y queremos ganar sin que nos importe la justicia».[10]

Porque la justicia, como ahora les explico a mis alumnos en Bolonia, no es una cualidad intrínseca escrita en un documento. No es algo objetivo. La justicia es una percepción subjetiva de lo que resulta justo, equitativo e imparcial, y, como tal, solo puede existir, de hecho, como una virtud interior. Como todos sabemos, lo que parece justo y correcto difícilmente es objeto de universal acuerdo. Habrá discrepancias. Habrá ganadores y perdedores. Pero no podemos limitarnos a dejarlo en manos de la constitución o de los tribunales. Ahí intervienen el ego y la competencia entre todos y cada uno de ellos; incentivos financieros y limitaciones. Al asumir gran parte de nuestra tarea y adquirir tanta importancia en nuestras vidas, al delegar en un juez la carga de decidir lo que es justo y lo que no, hemos perdido nuestra apreciación de lo que es realmente la justicia y hemos permitido que reine una percepción vacua de ella. En su lugar, hemos de entender cómo podemos asumir parte del trabajo, cómo podemos iniciar una negociación de derechos desde abajo, es decir, de tipo participativo. Por ejemplo: cómo los habitantes de una pequeña ciudad pueden decidir juntos si la estatua de un parque viola los derechos de un grupo concreto y luego retirarla colectivamente de la vista o cubrirla o darle la vuelta; o cómo el hecho de acordar entre todos que la llamada a la oración puede ser importante, aunque sea solo para algunos de sus vecinos, implica que no debe denunciarse como una infracción acústica. Son pequeños ejemplos con grandes mensajes, que en conjunto nos ayudan a comprender a nuestros conciudadanos. A decidir colectivamente lo que, como dice el filósofo político Michael Sandel con sencilla elegancia, es «justo lo que hay que hacer».[11]

Hace casi dos décadas, un grupo de vecinos decidió llevar al Ayuntamiento de Oxford ante los tribunales para proteger unas 3,5 hectáreas de terreno no urbanizable, en el norte de la ciudad, que en su día pertenecieron al St. John's College y actualmente son de propiedad municipal. Se trataba de una zona de matorral y cañaverales y lo que el juez que presidía el tribunal, lord Hoffmann, denominó un terreno «nada idílico», del que solo un 25% era accesible y, aun así, únicamente para «caminantes curtidos». La cuestión que se dirimía era: ¿quién tenía derecho a esas tierras?

El propietario era el Ayuntamiento, que esperaba venderlo a un promotor para construir viviendas sociales en la ya urbanizada y costosa ciudad de Oxford. Las excavadoras estaban a punto de entrar, pero el grupo de vecinos, en un acto que algunos han interpretado como un problema tipo NIMBY,[12] logró impedirlo recurriendo a un mecanismo legal: conseguir astutamente que el terreno se declarara «zona verde comunal». No es precisamente «caminante curtido» la primera expresión que a uno le viene a la mente cuando piensa en una zona verde comunal, de manera que, para que el mecanismo legal funcionara, era necesario reinterpretar el concepto de zona verde comunal, su significado, a fin de que diera cabida al terreno en cuestión. Si, de hecho, había de concebirse como una zona de ocio y recreo, los demandantes del caso tendrían que demostrar que lo era. Finalmente, en una decisión histórica del Tribunal Superior de Justicia, se interpretó que el concepto de zona verde comunal daba cabida, en efecto, a aquel espacio.[13]

Sin embargo, tan solo una década más tarde, los que habían abierto aquel espacio a la ciudadanía invocando el ingenioso concepto jurídico de la zona verde comunal también lo habían convertido, de hecho, en una reserva natural y establecido sus propias normas para regirlo. Hay carteles que prohíben «correr o montar en bicicleta» y solo existe un acceso obvio a la zona verde. Cuando algunos residentes locales pidieron que se abriera más el espacio para dar cabida a más vecinos y mejorar el acceso y los usos de este, algunos de los miembros del grupo original alegaron que eso perjudicaría a la vida silvestre local, y aunque actualmente es un hermoso espacio —por más que todavía agreste—, rico en fauna y flora gracias al duro trabajo de los lugareños y destinado al disfrute de todos, aparentemente la interpretación de lo que eso significa solo la determinan unos pocos.[14]

¿Por qué los derechos de un grupo de ciudadanos pueden

resultar en la práctica más importantes que los de los demás?, ¿que las vidas del prójimo?, ¿que las vidas de los pobres y los sintecho? A veces olvidamos cuáles son los derechos del prójimo y cómo trascender los límites de nuestro propio grupo para comprender y respetar los derechos de otros: cómo trascender las diferencias raciales, étnicas, religiosas, de género y socioeconómicas, pero también las determinadas por la edad. Cómo incluir al mayor número posible de ciudadanos. En palabras de la urbanista Yasminah Beebeejaun: «La realización de los derechos o protecciones legales no se experimenta de forma innata como si existiera una correlación directa entre la legislación y la vida cotidiana. Más bien, la vida cotidiana es una negociación compleja en la que los conceptos y prácticas de la ciudadanía, las exclusiones y los prejuicios se experimentan y constituyen conjuntamente con otros moradores urbanos. Nuestros derechos se encarnan y conforman los lugares donde se establecen los supuestos en torno a nuestras posiciones como sujetos».[15] Esta es una sentencia formulada en términos académicos y destinada a un público especializado; pero su significado aquí resulta sencillo y profundo a la vez: que la auténtica negociación democrática de los derechos tiene lugar cuando nos topamos unos con otros en esos espacios, donde nuestras interacciones mutuas conforman entonces quiénes somos y cómo usamos y nos apropiamos de nuestros derechos.

Porque precisamente de eso es de lo que trata este capítulo: de las múltiples formas en que podemos, como individuos, negociar la protección de nuestros propios derechos y hacerlo de tal modo que también se protejan los derechos del prójimo. Esto, en mi opinión, es justicia. Y esta es también la auténtica ciudadanía, ya que no implica ni depende exclusivamente de la extensión y la protección de nuestros derechos por parte del Estado, ni de nuestra aquiescencia pasiva a lo que este disponga. En lugar de ser súbditos del Estado, propongo que seamos sus agentes. Obviamente, hay límites. No somos justicieros. No podemos tomar nuestras propias decisiones sobre la vida y la muerte en ausencia de alguna estructura rectora y de conocimientos médicos expertos. Creo que no deberíamos tener armas, independientemente de que la constitución de nuestro país determine o no que es nuestro derecho legal, ni utilizar medios violentos para lograr nuestros objetivos. Por supuesto, algunas de las decisiones más difíciles —el derecho de una mujer a abortar o el de un enfermo a recibir ayuda para poner fin a su vida— siempre estarán rodeadas de un debate disgregador y polarizado. Somos conscientes de ello. De modo que el reto actual consiste en encontrar primero una forma de abordar y negociar aquellas cuestiones que no son de vida o muerte, aquellas que resultan factibles e incluso fáciles en comparación con las demás, hasta que estemos preparados para subir la apuesta.

Imaginemos, como ejemplo, una comunidad que ofrezca a las mujeres y niñas sin estudios o económicamente desfavorecidas, pero también a los hombres y niños, información imparcial y médicamente contrastada sobre anticoncepción y planificación familiar; que ayude a trascender las barreras raciales y religiosas, al tiempo que se abordan estos temas de forma práctica y significativa, a fin de que se produzcan menos embarazos no deseados. De ese modo, cuando se produzcan embarazos debido a violaciones o incestos o complicaciones médicas que causen afecciones complejas en los fetos o en sus madres, quizá los tribunales no duden en ofrecer a las mujeres una vía legal, médicamente sólida y exenta de problemas para interrumpir su embarazo sin los prejuicios o el acoso que a veces afrontan estas mujeres en la actualidad.[16]

Nuestros derechos están hoy en el centro de numerosos debates, desde el matrimonio homosexual hasta la libertad de manifestación religiosa, pasando por la libertad de expresión, el aborto y el derecho a la vida, la libre circulación, el derecho a rechazar las vacunas, la privacidad en la era de las redes sociales, etcétera. Debatir y mostrar cómo pueden protegerse estos derechos mediante nuestra propia negociación (en lugar de dejarlo en manos de la ley) constituye el núcleo de esta concepción de lo que podría significar ser ciudadano. Entonces, si los tribunales no son la respuesta, ¿cuál es y cómo llevarla de hecho a la práctica?

En la filosofía jurídica y la teoría constitucional, el debate en torno a este tema ha sido intenso, ya que los estudiosos han tenido que lidiar con la cuestión de cómo podríamos tener más control sobre las decisiones que estructuran nuestra vida cotidiana, desde los presupuestos y el gasto nacional hasta las lenguas oficiales y los días festivos. Pero también se han preguntado de manera creciente cómo podríamos tener más control sobre las cuestiones, más complejas y disgregadoras, que afectan a nuestros derechos fundamentales. Mark Tushnet fue uno de esos estudiosos, que empezó su carrera en la década de 1970 como secretario judicial en el Tribunal Supremo de Estados Unidos, donde contribuyó a redactar uno de los memorandos que resultarían cruciales en el fallo de dicho tribunal sobre el aborto en el caso Roe contra Wade. En las décadas siguientes, Tushnet se convirtió en uno de los expertos en derecho constitucional más citados en el ámbito académico, llegando a defender la idea —y cito el título de uno de sus libros— de «Alejar la constitución de los tribunales». En esta obra, Tushnet detallaba un proyecto que él denominaba *derecho constitucional populista*, y que en su opinión debería constituir la forma de proteger nuestros derechos humanos universales, justificados mediante la razón, y posibilitando el debate razonado entre los distintos pueblos implicados. Tushnet quería alejar de los tribunales algunas de las decisiones más disgregadoras de nuestra época y devolverlas al seno de órganos democráticamente electos como las asambleas legislativas.

Esto, advertía Tushnet, no implicaría necesariamente que se adoptaran mejores decisiones, pero sí que, desde una perspectiva procedimental —esto es, en cuanto a la forma de adoptarlas—, tales decisiones estarían más próximas a las personas a las que afectaran. Es decir, que tales decisiones serían de índole manifiestamente política: debatidas y discutidas por políticos que, a diferencia de la mayoría de los magistrados de los altos tribunales, pueden ser destituidos mediante elecciones periódicas. No necesariamente se tomarían mejores decisiones, pero tanto el mecanismo para llegar a ellas (debate público y votación) como su estabilidad (posibles fluctuaciones con los ciclos electorales) diferirían de manera fundamental del modelo de constitucionalismo elitista en el que unos juristas a los que no se elige democráticamente toman decisiones que mantienen su vigencia a lo largo de diferentes legislaturas y devienen prácticamente inamovibles. El constitucionalismo popular y otras versiones a las que los estudiosos se refieren ahora como *constitucionalismo deliberativo* son temas candentes en la teoría jurídica actual. Persuadidos, en fin, por el desmoronamiento de las estructuras políticas del gobierno representativo, con el auge no solo de malos líderes, sino también de malas decisiones, y la protección de los derechos comprometida, muchos académicos del ámbito de la filosofía política y del derecho se preguntan si hay otras maneras distintas de hacer constitucionalismo.

Durante décadas, también a mí me convencieron las ideas de Mark, creyendo todavía que el trabajo más exigente debía hacerse a través de instituciones formales de algún tipo, aunque de carácter más deliberativo e inclusivo. Sin embargo, después de un tiempo, de mucha experiencia en el extranjero y de una temporada como cosecretaria de la Asociación de Familias de Alumnos (AFA) del colegio de mi hija, llegué a la conclusión de que, para que ese modelo funcionara, para que el constitucionalismo popular o el constitucionalismo deliberativo significaran algo real, faltaba ostensiblemente un primer paso: el poder real en todo esto reside en los propios ciudadanos, no a través de estructuras formales, sino de naturaleza informal y dinámica; y abordando primero las cuestiones de menor calado. Nosotros, los ciudadanos, nosotros, los pueblos, podemos y debemos hacer constitucionalismo, no mediante referendos o plebiscitos (mecanismos que dejan poco margen para la negociación en la medida en que constituyen momentos discretos de adopción de decisiones de suma cero), pero tampoco mediante sistemas de jurados o minipúblicos, que en la práctica vienen a ser comités elegidos por sorteo (mecanismos que siguen incluyendo la votación, aunque quizá, al menos, con una mayor deliberación), sino más bien mediante un constante trabajo de base, lo que aquí llamaré, en expresión enfática, *constitucionalismo de guerrilla*. Parece descabellado, lo sé. Pero veamos a qué me refiero.

Para empezar, podríamos hacer todo lo posible por establecer las mejores condiciones iniciales para favorecer ese constitucionalismo de guerrilla. Eso implica una educación adecuada para toda la comunidad, a través de campañas de alfabetización e información, de manera que el ciudadano de a pie disponga del acceso y de las herramientas necesarias para comprender y reflexionar sobre las diversas cuestiones, en lugar de limitarse a aceptar el sesgo de la élite con respecto a ellas. En un mundo perfecto, nos aseguraríamos de que todo el mundo tuviera acceso a una información imparcial o supiera detectar los prejuicios allí donde aparecen. Esto resulta complejo. Seguramente, los que tienen la mejor banda ancha disponen de conexiones más rápidas, pero eso no significa que reciban mejor información. Y las redes sociales han inundado nuestras vidas hasta el punto de la saturación, a menudo con algoritmos claramente tendenciosos, con el resultado de que fomentan el discurso del odio, afectan a los resultados electorales y agravan problemas de los que intentamos alejarnos.[17] Puede que veamos cada vez más organismos reguladores encargados por los gobiernos de revisar y supervisar esta información, pero no podemos, ni debemos, confiarles de forma exclusiva esta tarea. Necesitamos, pues, pensar mucho más en posibles formas de capacitar a todos los individuos en un espacio descentralizado a fin de que todos podamos examinar la información con ojo crítico.

Necesitamos que nuestros espacios públicos estén equipados con noticias diarias para quienes no accederán a ellas a través de sus teléfonos móviles. Si el quiosco local que vendía periódicos y exhibía sus portadas en la plaza del pueblo era antaño un lugar en el que la gente se detenía y, sin necesidad siquiera de comprar nada, podía echar un vistazo a los titulares de diversas publicaciones y charlar con el quiosquero sobre las últimas y más jugosas noticias, el equivalente actual podrían ser pantallas de plasma discretamente integradas en el medio ambiente y alimentadas por energía solar en las que se mostrara información procedente de diversas fuentes, con paisajes sonoros opcionales para las personas con discapacidad visual. Este tipo de instalaciones respetuosas con el entorno ya forman parte de algunos museos públicos al aire libre desde hace algunos años, y en todo el mundo, incluidos diversos monumentos conmemorativos del Holocausto en Alemania. Más recientemente, la empresa australiana One Planet utilizó pantallas urbanas para ofrecer campañas de información pública, y la entidad londinense Climavore, que se autocalifica como una empresa de interés comunitario formada por un equipo de artistas, utiliza instalaciones para involucrar, concienciar y debatir sobre la llamada alimentación adaptativa, pidiendo al público que afronte y reflexione acerca de cómo el cambio climático exige un enfoque distinto del consumo humano. Climavore denomina a su trabajo «iteraciones sensibles a la ubicación».[18] Eso es lo que más necesitamos, para empezar: iteraciones sensibles a la ubicación; formas no estáticas, sino dinámicas, de información variada que nos inviten y alienten a aprender y participar, a deliberar y debatir juntos la información antes de aceptarla y decidir qué hacer con ella.

A muchos filósofos, entre ellos Benedict Anderson y G. W. F. Hegel, les llamó la atención la función del periódico impreso diario no solo como fuente de información, sino casi como sustituto de las oraciones matutinas en un mundo secular. Leer el periódico de la mañana constituye, para Anderson, un acto «realizado en silenciosa intimidad, en la guarida del cráneo». Sin embargo —y esa es la clave que queremos utilizar aquí—, también afirma que cada individuo que lee el periódico es consciente de que esa pequeña ceremonia suya está siendo reproducida por miles o millones de otras personas. «¿Qué figura más vívida podrá concebirse para la comunidad imaginada, secular, de tiempo histórico?», se pregunta.[19] Anderson pasa luego a describir cómo ese mismo lector observa que otros leen réplicas exactas de su mismo periódico, en lugares como el metro o la peluquería, y, de ese modo, constata que el mundo imaginado está, de hecho, «arraigado en la vida diaria». Hoy en día, cuando vemos a la gente mirando el móvil en el metro o en el parque, no sabemos qué está leyendo en realidad. La confianza en la comunidad —o al menos en la constatación de que leemos las mismas noticias, de que estamos vinculados por los mismos relatos— posiblemente ha desaparecido con el auge de internet y de los teléfonos móviles. Necesitamos volver al espacio físico, a las plazas, con información compartida públicamente, ya que sin tales marcadores nos hallamos en todas partes «conectados» por las redes sociales y, sin embargo, al mismo tiempo, atomizados por ellas.

A partir de ahí, desde este modesto pero crucial punto de partida, podemos empezar a proporcionar una base para el debate en un terreno de juego abierto, nivelado e informado, que es el único tipo de terreno de juego que puede ser legítimo para analizar y adoptar el tipo de decisiones complejas que hallamos consagradas en los documentos de los tribunales constitucionales: el matrimonio entre personas del mismo sexo, el aborto, la eutanasia, la expresión religiosa, etcétera. Inevitablemente, se trata otra vez de encontrar una forma de ayudarnos a volver a ser dueños de nuestros propios derechos y hacerlo de forma responsable.

Este constitucionalismo de guerrilla solo puede funcionar y funcionará si se dan las condiciones apropiadas, y la información compartida es solo una de ellas. El economista Albert Hirschman hablaba de la importancia de las denominadas *vinculaciones progresivas y regresivas*.[20] Postulaba que, para que un determinado sector de la economía se desarrolle, habrán de producirse vinculaciones regresivas (en forma de insumos útiles) porque son necesarias para que ese sector funcione, y luego se producirán también vinculaciones progresivas conforme surjan oportunidades para utilizar y aprovechar los productos del sector. Para que el constitucionalismo de guerrilla funcione, también debe haber vinculaciones regresivas y progresivas, ya que, por sí sola, una negociación popular de derechos no deja de ser una asediada y deficiente utopía. Pero imaginemos que nos aseguramos de que se brinda a los niños el punto de partida adecuado, que los espacios físicos públicos fomentan el tipo de intercambio de información libre y preciso que resulta crucial para el debate público, la deliberación y la participación general que abre la comunicación y potencia el conocimiento común: he aquí ya algunas vinculaciones regresivas. Observamos entonces un menor énfasis en el liderazgo; este nuevo sector ciudadano consigue que las comunidades se centren en ser autosuficientes y sostenibles, y se abre a la realidad de los mosaicos que nos hacen uno, pensando y debatiendo sobre los derechos, puede que avanzando hacia el tipo de comités ciudadanos que incluso toman grandes decisiones sobre cuestiones de tremenda importancia, como la eutanasia. Dispondremos entonces de las necesarias vinculaciones regresivas y progresivas que sustentarán nuestro constitucionalismo de guerrilla.

Obviamente, para que el constitucionalismo de guerrilla pueda funcionar, también tenemos que ayudar a la gente a sentirse segura en sus propios espacios. Este es quizá uno de los requisitos previos o vinculaciones regresivas más importantes, junto con el acceso a una información imparcial. Por fortuna, tenemos pruebas de que podemos hacerlo, aunque no sin ciertos dolores de crecimiento y actos de fe. Recientemente, en Brownsville, un barrio de Brooklyn, los agentes de la policía local acordaron hacerse a un lado y dejar que los residentes actuaran como su propia policía, respondiendo incluso a las llamadas de emergencia. El experimento, que duró cinco días y estuvo dirigido por una organización llamada Brownsville In Violence Out (BIVO) con el apoyo de las autoridades locales, fue para muchos un éxito. Ahora, en varios momentos del año, la policía vuelve a mantenerse al margen durante un periodo de cinco días, permitiendo a la organización intervenir en su lugar y actuar como mediadora. Sus integrantes no llevan armas ni emplean medios violentos, pero hasta ahora estos grupos de residentes han «persuadido a la gente para que entregue armas ilegales, han evitado robos en tiendas, han impedido que un hombre atracara un almacén y han evitado que una mujer embarazada pegara a su novio por no haber comprado una silla de coche y un cochecito tal como había prometido».[21] Y esto es solo el principio. En el marco de un modelo de salud pública para «curar la violencia», este programa sigue otros ejemplos basados en datos empíricos para hacer de las comunidades, en particular las conflictivas, lugares más seguros para la interacción ciudadana. Invocando, entre otras cosas, el recurso a lo que ellos llaman *mensajeros creíbles*, BIVO utiliza como tales a residentes que han crecido en las mismas calles y han estado involucrados en la violencia armada, o expuestos a ella, para poner fin a la violencia, mediar sobre el terreno allí donde esta es inminente y difundir relatos y oportunidades más positivos en la comunidad. Son creíbles porque son vecinos y tienen la experiencia de «haber estado allí y haber hecho lo mismo» que les permite establecer un vínculo horizontal con la comunidad, en lugar de situarse por encima o fuera de ella.[22] Respaldo local, creíble, espontáneo y horizontal a la población local: he aquí un elemento importante del constitucionalismo de guerrilla. Porque cuando grupos como este empiezan a ofrecer alternativas reales tanto al control estatal de sus comunidades como a la anarquía absoluta y descontrolada, actuando como una zona segura entre ambos extremos que ayuda a la gente a entender de qué formas puede ejercer sus derechos protegiendo al mismo tiempo los del prójimo, se disuelve la necesidad y el deseo de esconderse detrás de la ley y confiar exclusivamente en ella.

Estas ideas —centrarse en la concienciación y la educación de la ciudadanía sobre los problemas, en erradicar las disparidades que permiten que grandes sectores de nuestras comunidades permanezcan ignorantes y desinformados, y, por tanto, desvinculados—, y otras similares, siempre se han considerado requisitos previos de la democracia en las disciplinas académicas que se ocupan de la teoría democrática.[23] Cómo y por qué se han olvidado durante décadas, dejando a los juristas y politólogos centrados casi exclusivamente en las instituciones y los líderes, resulta desconcertante.[24] Porque si abordamos, en cambio, los requisitos previos de la democracia, puede que un día descubramos que no dependemos tanto de las instituciones porque tenemos la capacidad y las aptitudes necesarias para hacer por nosotros mismos el trabajo más duro. Y será entonces cuando empecemos de veras a ser dueños de nuestros propios derechos: cuando seamos capaces de ser ultrasociales, como dicen los psicólogos y los biólogos. Algunas de las más importantes investigaciones que actualmente se realizan con diversas poblaciones de distintos continentes reúnen a psicólogos, economistas, antropólogos, biólogos y matemáticos, entre otros, con el objetivo de estudiar las condiciones necesarias para que se dé el tipo de cooperación y confianza que tiene lugar no solo en el seno de un grupo cuyos miembros se parecen a nosotros, actúan como nosotros y tienen nuestros mismos valores, sino también, lo que es más importante aún, entre grupos distintos.

Una primavera muy calurosa, en Oxford, la AFA del colegio de mi hija decidió reanudar las ventas de piruletas de los viernes tras un largo paréntesis debido a la pandemia. Habían sido eventos muy populares y entretenidos para la comunidad, una oportunidad de reunirse y compartir unas chucherías tras las clases que señalaba el inicio del verano para los niños y asimismo aportaba algo de dinero a la escuela. Nuestro dilema era ahora a qué precio debíamos vender las piruletas. La escuela es un centro público de enseñanza primaria donde casi la mitad de los niños no tienen el inglés como lengua materna y hay un número nada desdeñable de alumnos cuya alimentación depende de las comidas escolares gratuitas. Los miembros de la AFA nos preguntamos qué precio podríamos poner a las piruletas para incrementar las posibilidades de que todos los niños que quisieran una pudieran permitírsela y, al mismo tiempo, cubrir al menos nuestros costes o, mejor aún, obtener algún beneficio para poder adquirir ciertos artículos prácticos necesarios para la escuela, como balones y aros de hula hoop. Para resolver el dilema, me puse en contacto con el científico de datos Gary King, que propuso una solución que podríamos denominar la *solución de la donación*. Hicimos que las piruletas fueran gratuitas, pero les pedimos a quienes podían permitírselo que donaran algo, lo que fuera, por cada piruleta, dejando claro que todos los beneficios se destinarían a comprar materiales para la escuela. El resultado fue un éxito rotundo, ya que hubo bastantes personas cuya donación superó el precio en el que originariamente habíamos pensado, que era de una libra por piruleta. Es decir, que muchos de ellos simplemente «pagaron de más». No tenían por qué hacerlo. Pero he aquí por qué lo hicieron.

Para empezar, diversos experimentos realizados en los ámbitos de la economía y la psicología nos dicen que el contexto puede tener una tremenda importancia. Si contextualizamos las cosas de modo que se incentive una decisión cooperativa y altruista que permita a la gente ser dueña de sus derechos de manera responsable, y no de forma egoísta, ya vamos por buen camino.[25] Así que, en nuestro caso, al explicar que los donativos que hace la gente por las piruletas no van a parar a los bolsillos de un vendedor de chuches ni se destinan a una buena causa de la que nunca han oído hablar, dejamos claro que las ganancias beneficiarán a todos los niños de la escuela. En segundo término, los mencionados experimentos también nos indican que, cuando se pide a la gente que done dinero por un artículo que considera claramente un lujo —como sería el caso de una piruleta—, se muestra más dispuesta a donarlo que si se tratara de una necesidad, e incluso, a menudo, a pagar de más por ese lujo.[26] Todos nosotros nos mostramos más dispuestos a querer compartir. Y esa voluntad de compartir se da porque, según afirman algunos, las personas somos impuramente altruistas: nos entregamos a lo que los sociólogos denominan a veces la *dádiva gratificante*. Según este concepto, hacemos en efecto una donación o ayudamos a un desconocido de alguna otra forma, pero no por una motivación completamente pura y altruista; más bien, la gratificación que obtenemos por el hecho de ayudar constituye un beneficio personal que obviamente valoramos, y eso nos mueve a actuar.

Vale, por ahora me conformaré con eso. Porque sea cual sea nuestra concepción de la humanidad, ya la consideremos individualista e interesada o la juzguemos altruista, las evidencias revelan que las personas pueden ayudarse unas a otras y, de hecho, lo harán en las circunstancias adecuadas. Reduciremos o limitaremos nuestro derecho a algo para que otro también pueda beneficiarse. Contextualizar las cosas de la manera apropiada y aprovechar la dádiva gratificante son algunos de los primeros pasos de nuestro constitucionalismo de guerrilla; pasos que nos alientan porque nos ayudan a comprender que, restringiendo un poco mis derechos, sin duda, puedo ayudar a otros a disfrutar también de los suyos. ¿No merece eso la pena?

¿Habrá aprovechados, individuos que saquen partido de esa generosidad? Sin duda. Pero probablemente valga la pena correr el riesgo, y tal vez haya algunas maneras amables de hacer que los aprovechados se suban al carro con el resto de nosotros.

Utilizar la dádiva gratificante para una negociación de derechos de tipo participativo, desde abajo, como fundamento de nuestro constitucionalismo de guerrilla. Parece mucho pedir. Y, desde luego, los derechos son un «bien» muy distinto: podemos ganar más dinero, pero ¿podemos ganar más derechos si renunciamos a los nuestros? Bueno, tomemos el ejemplo de la orientación sexual y el pastel de boda. Cuando los tribunales supremos de Estados Unidos y el Reino Unido debatían si era constitucional o no que un pastelero cristiano se negara a hacer un pastel para una boda gay o a escribir en ella «apoya el matrimonio gay» con glaseado de crema de mantequilla, me puse en contacto con una pastelera cristiana a través de internet.[27] «Yo haría un pastel o una comida casera para *cualquiera* que me lo pidiera —me respondió—. Igual que Dios impartiría su amor a cualquiera que se lo pidiera. Para mí no hay excepciones».[28] Aplicar la dádiva gratificante a los derechos. Ser dueño de nuestros derechos, pero de manera responsable. Negociarlos de forma participativa y, al hacerlo, reimaginarlos y apropiarse del proceso. Tener nuestra porción del pastel, pero asegurándonos de que nuestro vecino también pueda tener la suya.

Capítulo 4

FRECUENTAR LAS PLAZAS

Dicen en la comedia de situación estadounidense *Cheers* que a veces uno solo quiere ir adonde todo el mundo conoce su nombre. El mensaje, de hecho, resulta ser cierto, pues si algo ha revelado la investigación a través del tiempo y el espacio es que, en efecto, en general tendemos a querer ir allí donde nos conocen y nos aprecian. Disponer de un espacio al que podamos acudir con regularidad, donde nos sintamos reconocidos y aceptados, también es importante en el ámbito político. La comunidad física, la esfera pública tangible, la vida asociativa, resulta absolutamente crucial para nuestra democracia.[1] Tales espacios, el tipo de espacios libres y abiertos a los que aquí me referiré en términos genéricos como la *plaza*, tienen poco que ver con la ley tal como la conocemos. Porque la ley, el derecho, tal como los conocemos y los hemos desarrollado en el mundo moderno, no surgen de la cooperación en espacios abiertos, sino del conflicto y su resolución.

Aléjese por un momento del espacio reconfortante del *pub*, el bar o la cafetería, donde está disfrutando de una copa y hablando con personas que le conocen y están dispuestas a oírle quejarse de la política, o de su trabajo, o de sus parientes pobres. E imagine, en cambio, un descampado en la Europa medieval donde dos inquietos caballeros se disponen a dirimir su desacuerdo a punta de espada. La multitud que los rodea asiste paralizada a la escena, jadeando tanto de miedo como de excitación, hipnotizada por esa fuerza que se apodera de nuestra psique y nos invita a asistir a la emoción de la batalla y especular sobre la derrota. Si prescindimos de la violencia física, la situación no es muy distinta de los juicios que de vez en cuando acaparan nuestra atención en televisión. Pensemos en cualquiera de ellos, desde O. J. Simpson hasta Johnny Depp o Gwyneth Paltrow, y recordemos cómo algunos de nosotros, casi en contra de nuestro buen criterio, observamos como quien asoma boquiabierto la cabeza por la ventanilla del coche al reducir la velocidad para pasar junto al escenario de un horrible accidente. Nos sentimos obligados a mirar y aliviados de no habernos visto implicados.

El parecido entre estas dos escenas no es casual; no hay aquí ninguna analogía forzada, por más que puedan separarlas muchos siglos. El duelo a espada es el origen de la naturaleza conflictiva del sistema judicial en el que vivimos hoy día en nuestros llamados países civilizados.[2] Tomemos como ejemplo Estados Unidos, donde «la dinámica de poder revelada en la batalla y en la ordalía resultará familiar a cualquier abogado litigante estadounidense actual».[3] Puede que nos hayamos trasladado desde los descampados hasta los espacios interiores, al escenario estéril y ordenado de las salas de justicia. Pero la estructura permanece: la defensa del honor, de lo correcto y lo erróneo, de la justicia y su naturaleza de suma cero, sigue estando ahí. Y ya sea en el polvoriento descampado o en el impoluto tribunal, la cuestión es que esta forma de resolver las diferencias tiene poco que ver con la cooperación, puesto que los duelos solían ser a muerte, mientras que en la sala de justicia el resultado final casi nunca es una situación en la que todos ganan: habitualmente es una situación de suma cero, lo que significa que la ganancia de una persona equivale a la pérdida de otra. Ahora bien, en la práctica se podría decir que muchas batallas legales no son de suma cero; que, si se consigue justicia, si el mensaje transmitido a la sociedad tiene efectos positivos en el comportamiento de las generaciones venideras, no se produce entonces una pérdida completa para una de las partes, sino futuras ganancias para todos. No obstante, como explicaba en cierta ocasión James Marshall, miembro del Colegio de Abogados del Estado de Nueva York y a la vez litigante y jurista:

> El concepto popular del derecho, reforzado por la literatura y los programas de televisión, es que se basa principalmente en litigios que llevan a cabo adversarios implacables o astutamente taimados ante jurados ignorantes y un juez que puede ser un modelo de justicia, un imbécil o un corrupto. Una de las partes tiene razón; la otra está equivocada. Un bando intenta establecer la verdad; el otro, ocultarla. Esta visión del derecho es como el legendario ideal de la guerra representado en las batallas cara a cara de los poderosos combatientes de la *Ilíada*. Esta visión popular [...] resulta, sin embargo, exacta en la medida en que el sistema de contendientes crea lo que los expertos en teoría de juegos denominan una situación de suma cero.[4]

Baste pensar en algunos de los casos recientes más sonados que parecían funcionar de ese modo, como el ya mencionado de Roe contra Wade en Estados Unidos, en 1973, que protegía el derecho individual al aborto. La sentencia del caso fue recibida no solo con auténtico júbilo por algunos, sino también con vehemente desaprobación por otros. Tuvo un efecto polarizador: abrió el debate, pero suscitó también reacciones violentas. La seguirían muchas otras sentencias relacionadas en varios niveles del país, que culminarían más recientemente en la del también mencionado caso de Dobbs contra Jackson, en el que una mayoría del Tribunal Supremo estadounidense dictaminó en 2022 que las interpretaciones de Roe y algunos casos posteriores eran «escandalosamente erróneas desde el principio», mientras varios magistrados de ese mismo tribunal sugerían que la postura de sus colegas de criticar a Roe y revocar parte de su interpretación resultaba o bien «hipócrita» o bien profundamente preocupante en tanto podrían verse igualmente amenazados otros derechos constitucionales.[5]

Tal es el modo que tiene la ley, el derecho, de resolver los problemas; pero necesitamos algo diferente, necesitamos construir un tipo de entramado distinto.[6]

Así que ahora permítame que le lleve a otra zona de conflicto y a una pacífica plaza en medio de ella. En el mortífero espacio iraquí, en la Zona Internacional de Bagdad, había un pequeño salón de masajes emergente conocido como Dojo's Day Spa. Era una caravana alzada sobre pilotes y flanqueada por palmeras, como muchos de los edificios provisionales erigidos en la Zona Internacional durante la guerra. Por dentro parecía bastante brechtiano y, de hecho, lo era. La propietaria, una joven filipina que también regentaba el lugar, era una auténtica Madre Coraje,[7] una mujer que venía a obtener algún beneficio de la guerra. Recuerdo claramente su rostro cuando sonreía al saludarme en la puerta. Tras ella, se exhibían con orgullo unos cuantos frascos de champú norteamericano en una pequeña estantería, tal como podrían haber estado en una peluquería de Alemania Oriental en la década de 1970. Al fin y al cabo, se trataba de un centro de relax en una zona de guerra. Había otra mujer con ella, y las dos habían viajado hasta allí juntas desde Manila para montar el negocio. Los dólares que ganaban con cada masaje, con cada pedicura, se los enviaban a sus hijos a Filipinas. Una de ellas me dijo que esperaba que con aquel dinero su hijo pudiera ir algún día a la universidad; puede que incluso en Estados Unidos, añadió. Y al masajear a los cansados soldados estadounidenses tras una agotadora y tensa jornada de combate, estas mujeres prestaban un servicio mutuo: daban y tomaban.

Un cartel en una de las paredes rezaba: «Reconfortante comida casera». En efecto, además de los masajes, también vendían «comida hecha en casa» (en cambio, no se ofrecían servicios sexuales; no era ese tipo de sitio). Al ofrecer tales comodidades en plena Zona Internacional, un entorno altamente regulado y militarizado, proporcionaban a los soldados un alivio momentáneo del estrés y de la sensación de alejamiento asociados a la guerra en territorio extranjero.

Yo observaba a los soldados que entraban en aquel lugar, en aquella plaza. Los veía relajarse mientras les aplicaban con mimo cremas hidratantes de color azul en la cara. La mayoría de ellos ya se conocían, pero otros no, y llegaban a conocerse allí. Podían hablar con las mujeres de lo que les pasaba en la vida. No se los juzgaba por odiar la guerra, por querer volver a casa; o por desear quedarse. Más bien, aquellas mujeres constituían para ellos una estructura de apoyo, aunque fuera mínima y temporal. Eran como un sucedáneo de los placeres sensuales platónicos de la vida hogareña y del confort del hogar en tiempos de paz: la sensación de tener a tus hijos pequeños encaramados a la espalda, el cálido sabor del chili casero de mamá... Y ciertamente funcionaba. Pero ¿qué era exactamente? Por supuesto, en tanto constituía un intercambio de bienes y servicios en beneficio mutuo, era capitalismo. Pero no estaba exento de importantes externalidades positivas, como las llaman los economistas: situaciones en las que también se beneficia un tercero, que no forma parte del intercambio inmediato. Dicho beneficiario puede ser otra persona, un grupo o la sociedad en general. En este caso concreto, quizá sean las familias de los soldados, sus amigos o sus colegas. Porque, en medio del ambiente tenso e inestable de una zona de guerra, dos fuerzas distintas, los soldados y las trabajadoras migrantes, han encontrado una forma natural, espontánea, de cooperar: son mutuamente responsables en ese espacio tan limitado. Una situación no muy distinta de la del piano bar japonés del East Side neoyorquino donde trabajé en cierta ocasión: un espacio que posibilita una especie de comunidad, por muy pasajera, superficial y, me atrevería a decir, sexista que resulte. Semejante también al diván del psiquiatra, donde un individuo cobra por escuchar a otro y donde los intercambios entre comprador y vendedor se traducen en algo positivo tanto para quienes están presentes como para otros que no lo están. Y es así porque entre los soldados que visitan este espacio existe un sentimiento de identidad compartido, que emana de una necesidad también compartida: lo que la pedagoga y educadora italiana Maria Montessori denominaba «el cuidado de uno mismo». Un espacio diminuto, tal vez, y puede que, para algunos, insignificante, pero que en realidad dista mucho de serlo, porque en ese lugar, en medio de una zona de guerra, mora un pequeño sentimiento de dignidad, y las personas que entran en él salen un poquito restablecidas.

La escena de Bagdad corresponde exactamente a lo que Michael Polanyi podría haber calificado de cooperación espontánea, aunque se basara en el interés propio como en este ejemplo. La cooperación requiere confianza, la confianza requiere el reconocimiento de unos valores compartidos y con frecuencia dicho reconocimiento puede encontrarse inicialmente a través de ese tipo de espacios que aquí denomino *plazas*.

Puede encontrarse otro ejemplo de ese mismo orden espontáneo en un lugar fijo en un entorno muy alejado de Bagdad: el parque infantil de Bury Knowle, en Oxford, donde un día cualquiera de verano pueden juntarse niños negros, blancos y mulatos de diferentes religiones y clases sociales —como en efecto hacen— para hacer cosas tales como desatascar una fuente sin que ningún padre, maestro o matón venga a interrumpir el proceso. En realidad, esos jóvenes se comportan de forma muy parecida a los ancianos que frecuentaban la cafetería del South Side de Chicago donde el sociólogo Mitchell Duneier estudió las relaciones interraciales y documentó el comportamiento de los clientes para escribir su galardonado libro *Slim's Table*. Duneier descubrió que la clave de la solidaridad y la conciencia de los varones negros de esta comunidad residía en gran parte en el respeto mutuo y el sentimiento de identidad que compartían todos los hombres que frecuentaban aquel lugar, independientemente de sus diferencias raciales. Existía un espacio para que aquellos hombres desarrollaran entre ellos un reconocimiento mutuo, por sí mismos, y de forma reiterada. Podían elegir cuándo estar y cuándo no. Podían charlar tomando un café barato y encontrar algo que los uniera, el reconocimiento de una identidad común, y se organizaban espontáneamente en torno a ello. De manera harto significativa, ese pequeño rincón existía como una especie de isla en el barrio del South Side. Basta leer *Hijo de esta tierra*, de Richard Wright, ver escenas de *Granujas a todo ritmo* o escuchar el tema «Bad, Bad Leroy Brown», de Jim Croce, para darse cuenta de que esta era una de las zonas de Chicago (y de Estados Unidos en general) con mayor mezcla racial y étnica y con una disparidad de riqueza espantosamente grande entre ricos y pobres.

Pero recordemos lo que nos mostraban las burbujas: la naturaleza puede encontrar su propio buen orden si se la deja a su aire. Y lo que esos rincones de Chicago, Bagdad y Oxford nos revelan es que tendremos más oportunidades de hacer lo mismo, de encontrar nuestro propio buen orden, cuando existan espacios compartidos, por pequeños e improvisados que resulten, creados por nosotros y utilizados regularmente por nosotros como comunidad. Se trata de una nueva concepción de una idea muy antigua: la de la plaza, «una abertura en el tejido urbano que permite el acceso y la actividad pública de diversas formas».[8] Con raíces en el ágora griega, la plaza ha sido un espacio cuyo uso ha oscilado a lo largo de los siglos entre la actividad militar y política, la actividad religiosa, la actividad comercial y la actividad ciudadana espontánea. Propongo que reivindiquemos esos espacios especiales ni puramente privados ni de titularidad estatal, a los que aquí me refiero genéricamente como *plazas*, como esferas públicas situadas a caballo entre los rincones y recovecos estatales y privados.

El geógrafo urbano David Harvey se ha preguntado a menudo por nuestros «lugares de sociabilidad», como él los llama. Harvey postula que en dichos lugares nuestras diferencias pueden y deben topar unas con otras y, a través de ese proceso, de tales iteraciones, podemos «resolver las cosas».[9] Se trata, sin duda, de una idea utópica, puesto que en algunos espacios en que se ha permitido que tales diferencias chocaran unas con otras, estas han conducido de hecho a la violencia. Pero esa resolución descentralizada y espontánea de nuestras diferencias — y, en ese proceso, nuestro reconocimiento de que, pese a tales diferencias, compartimos, de hecho, algunos valores fundamentales— también forma parte del núcleo de mi proyecto utópico. Porque, una vez que nos unamos para comprender un poco mejor esas diferencias, lo demás, con suerte, caerá por su propio peso. Aunque probablemente habrá que dar unos cuantos tumbos por el camino.

Traslademonos, por ejemplo, a la década de 1970 en Notting Hill, al oeste de Londres, que por entonces no era muy distinto del South Side de Chicago. El barrio estaba lleno de destartaladas casas adosadas, salpicadas por alguna que otra zona en ruinas por los bombardeos de la Segunda Guerra Mundial y todavía sin reconstruir. La falta de financiación municipal lo convirtió en una parte de Londres bastante fea y, por ello mismo, una zona de viviendas baratas. A diferencia de hoy, en la década de 1970, Notting Hill atraía a los londinenses menos adinerados, muchos de ellos inmigrantes, que no podían permitirse pagar los alquileres de las zonas más verdes y limpias de la ciudad. Muchos de dichos inmigrantes procedían de las antiguas colonias británicas y entre ellos había muchas familias negras de las Antillas. Esas familias hallaban allí confort y comunidad y organizaban lugares de reunión —su versión de la plaza— donde compartir la comida, la música y la subcultura que necesitaban para poder concebir apropiadamente su propia comunidad junto a la de la Gran Bretaña blanca.

El restaurante Mangrove, situado en el número 8 de All Saints Road, era uno de esos lugares. Abierto toda la noche —aunque era a partir de la medianoche cuando tenía lugar la mayor parte de su actividad comercial—, atraía a una miríada de inmigrantes de Jamaica y otras zonas del Caribe que ahora vivían en Londres, desde vecinos anónimos con familias jóvenes hasta famosos artistas, intelectuales y músicos negros. El local estaba gestionado por su propietario, un activista pro derechos civiles llamado Frank Crichlow, pero el florecimiento espontáneo de un núcleo comunitario en torno al restaurante fue un proceso de naturaleza extremadamente local y descentralizada, cuya culminación sería la construcción de una comunidad real: la comunidad que ganaría una de las batallas jurídicas más importantes contra el racismo de toda la historia británica.[10]

La policía londinense hacía frecuentes redadas en el Mangrove, alegando que era un antro de drogas y de prostitución. Los vecinos negaban tales acusaciones y, de hecho, nunca se encontraron pruebas de ningún tipo de conducta ilegal o antisocial. Después de doce redadas policiales en el plazo de dieciocho meses, todas ellas justificadas en la búsqueda de pruebas de actividad ilegal, los vecinos, desesperados, decidieron unirse y crear el Comité de Acción para la Defensa del Mangrove. El 9 de agosto de 1970, un grupo de 150 miembros del comité y otros simpatizantes del barrio se manifestaron ante la comisaría local de Notting Hill para protestar contra lo que consideraban un reiterado acoso policial basado en el odio racial. La policía metropolitana movilizó una brigada especial que incluía policías de paisano y fotógrafos, que se mezclaron entre los manifestantes. En lo que más tarde se revelaría como un intento deliberado de la policía de atacar al naciente movimiento del Poder Negro, la actuación policial derivó en enfrentamientos violentos. A continuación, la policía detuvo a los que pasarían a conocerse como los *Nueve del Mangrove* (nueve de los activistas que defendían el restaurante), a los que acusó, entre otras cosas, de incitación a la revuelta.

Los nueve activistas detenidos exigieron un jurado integrado exclusivamente por negros, es decir, por sus iguales. Siguiendo los precedentes establecidos por los Panteras Negras en Estados Unidos, los nueve activistas y sus partidarios trabajaron para crear una red de información que diera envergadura al caso, que pasó de ser un mero ejemplo local de enfrentamientos raciales con la policía a convertirse en un asunto de crucial importancia nacional, con implicaciones para todos los Estados nación del mundo. Los miembros de la comunidad del Mangrove distribuyeron panfletos e iniciaron una campaña de difusión pública para concienciar a la ciudadanía sobre el caso en particular y sobre el racismo institucional en general. Tras un juicio con jurado que duró cincuenta y cinco días, los nueve fueron absueltos de los cargos más graves que se les imputaban, y cinco de ellos de todos los cargos. El fallo marcó un hito en un aspecto fundamental: era la primera vez que un juez reconocía tanto los prejuicios raciales como las irregularidades de la policía metropolitana de Londres.[11] Pero la buena labor no terminó aquí.

Con esta sentencia, y el apoyo y la atención que habían suscitado a escala nacional, el grupo de los Nueve del Mangrove se disolvió; pero luego ellos y su comunidad trabajaron en diferentes grupos y organizaciones —como círculos en un diagrama de Venn— para favorecer la reforma policial y la exigencia de responsabilidades a las fuerzas del orden en el Reino Unido durante las décadas siguientes. A través de nuevos grupos y movimientos, esos círculos de cooperación parcialmente coincidentes iban y venían, a la par que aprendían unos de otros. Otro vástago de la misma iniciativa fue la Asociación Comunitaria del Mangrove, que se convirtió en una especie de versión mejorada de la YMCA (la famosa Asociación Cristiana de Jóvenes) y que tenía, entre otros objetivos, el de prestar servicios a los miembros jóvenes y ancianos de la comunidad y rehabilitar a antiguos presos. Todo esto revela cómo surgió una cooperación espontánea y autónoma a escala local, en una plaza concreta y definida, que luego generó la suficiente confianza inmediata en el seno de toda una comunidad para sentar las bases de una interacción social a nivel macro.

Para saber más sobre el tema, le hice llegar algunas preguntas a Neil Kenlock, que en su día fue el fotógrafo oficial de los Nueve del Mangrove. Kenlock, un hombre de origen jamaicano que actualmente anda por los setenta y tantos años, documentó la experiencia de aquellos movimientos concretos, pero también la de los negros del Reino Unido en general. Yo sentía curiosidad por saber cómo nació el movimiento que apoyó a los Nueve del Mangrove, cómo se organizó y quiénes fueron sus líderes si es que los hubo. Kenlock me respondió por correo electrónico que, sencillamente, «no había nadie que dijera que tenías que estar en tal sitio a las diez; la gente simplemente observaba la situación y pasaba a la acción». No había un liderazgo dominante, ni jerarquía. La gente aprendía por sí misma. Traían a los que tenían más experiencia para que compartieran sus historias y los inspiraran. Era una cuestión de inspiración y aprendizaje, no de movilización. Y lo que es más importante, en palabras de Kenlock: «Nadie les decía que lo hicieran, pero querían participar». ¿Por qué? Era obvio: «La gente se conocía y se entendía. Todas las personas miraban en la misma dirección».[12] Y ese es el poder de la plaza, porque hace posible que miremos en la misma dirección, literalmente, y tengamos un reconocimiento mutuo compartido. Y al hacerlo, podemos dar pasos para coordinar nuestras acciones y hacer que sucedan las cosas, tal como ocurrió en Notting Hill.

Hace ya unos años, mi familia fue un día de excursión a un bucólico pueblo de Oxfordshire. Pasada la escuela del pueblo y su patio de recreo, cerca de los zarzales y los campos de cultivo, un grupo de niños y adolescentes, de edades comprendidas entre los ocho y los catorce años más o menos, trabajaban afanosamente con palas y picos excavando una pequeña parcela de tierra, en la linde del patio, que al principio pensé que podría ser un huerto comunitario. En realidad, aquellos chicos no estaban plantando hortalizas, sino formando montículos para crear una pista de bicicletas todoterreno, diseñando no solo el espacio principal, sino también las zonas laterales de canalización, determinando sus propias pendientes y haciendo así suyo el espacio. Trabajando juntos, tras haber dejado atrás hacía tiempo los columpios y el tobogán para niños pequeños del parque infantil adyacente, estaban decidiendo, y llevando a la práctica, lo que querían que fuera ahora para ellos aquel subespacio concreto. Así es, en muchos aspectos, como inicia su existencia una plaza.

Algo bastante parecido ocurrió en Birmingham durante la pandemia. Esta vez los jóvenes eran un poco mayores, pero estaban igualmente motivados para crear un espacio público abierto donde practicar su deporte en un momento en el que las plazas cubiertas estaban vetadas debido a los riesgos que entrañaban para la salud pública. La pista de monopatín de Bournbrook, en Birmingham, inició su andadura en los tristes y oscuros días de 2020 en una ciudad conocida por su diversidad social y económica, una diversidad que en las décadas anteriores los ciudadanos habían tratado de gestionar frente a la Administración local. En un mundo, y una ciudad, recelosos de la radicalización islámica, este era quizá un lugar insospechado para que triunfara este tipo de proyecto comunitario.[13] Pero a pesar de dicha diversidad, o puede que gracias a ella, en los últimos decenios, el barrio de Bournbrook había vivido varias oleadas de participación ciudadana positiva. Por ejemplo, fue uno de los primeros lugares de Europa donde se permitieron legalmente, e incluso se incentivaron, los grafitis en espacios públicos: Banksy y otros artistas de diversa notoriedad habían expuesto allí sus obras. Sin embargo, con el paso de los años, con los cambios generacionales que necesariamente deben producirse y de hecho se producen, algunos de los espacios fueron abandonados y cayeron en desuso e incluso acabaron deteriorándose.

Así pues, durante la pandemia de covid-19, un grupo de jóvenes patinadores, frustrados por su confinamiento y conscientes de los buenos espacios utilizables desaprovechados que había en la ciudad, decidieron hacer algo al respecto. Juntos, dedicaron miles de horas a quitar zarzas y malas hierbas, a barrer y retirar escombros y luego a encontrar a los voluntarios con los apropiados conocimientos de construcción para ayudar a crear una pista de monopatín comunitaria. La iniciativa se vio temporalmente bloqueada por el Ayuntamiento, pero los patinadores negociaron una vía de salida de la maraña burocrática, y su proyecto ha tenido tanto éxito que actualmente la propia corporación municipal brinda su apoyo a la pista y, con la participación también de empresas locales, estos diversos grupos la gestionan de forma conjunta. A este éxito se añade el hecho de que se trate de una pista al aire libre. Las pistas cubiertas suelen cobrar entrada y, por ello, excluyen a quienes no pueden pagarla, cosa que no sucede con las exteriores. Y, a diferencia de las canchas de baloncesto y los campos de fútbol al aire libre, que tienden a ser utilizados predominantemente por varones deportistas, las pistas de monopatín de exterior son lugares donde jóvenes de todas las razas, géneros, capacidades y grupos de edad pueden reunirse para compartir algo concreto: su afición a este deporte y a la subcultura que entraña. Esta identidad compartida trasciende cualesquiera otras identidades y crea el tipo de vínculo necesario para soslayar diferencias potencialmente disgregadoras, como las de raza, religión o, a veces, incluso de género. Ciertamente, este tipo de iniciativas no están exentas de problemas. Pero es resolviendo dichos problemas, a través de la plaza en cualquiera de sus formas, como los ciudadanos empiezan a ser conscientes tanto de lo que los hace diferentes de otros como —lo que es más importante aún— de lo mucho que tienen en común con ellos.[14]

Está por ver cuánto puede durar el efecto de esta pista de monopatín y de otros proyectos similares, pero, mientras permanezcan, sirven para mantener las calles vigiladas al tiempo que convierten espacios abandonados y en ruinas en lugares frecuentados y apreciados. Y asimismo sientan las bases para una recuperación que no dependa únicamente de actividades comerciales o de ocio, como bares o restaurantes; es decir, que no consista simplemente en gastar dinero. Tras salir de la pandemia, sabemos que la pista y otros proyectos similares tuvieron al menos dos efectos paralelos en las comunidades y sus espacios públicos. En primer lugar, y de forma bastante evidente para todo el mundo, las restricciones legales durante el confinamiento y el cierre de los espacios públicos condujeron a un mayor uso de los privados. Esto, a su vez, generaría un legado a largo plazo y un mayor deseo de soledad, dado que, con el incremento y la permanencia de las invitaciones al teletrabajo, el aprendizaje en línea y la telemedicina, algunos decidirían mantener por elección esas actividades que en un primer momento se habían iniciado por necesidad. Esto tiene, sin duda, algunas implicaciones negativas para nuestra sociabilidad. Al menos un proyecto de investigación dirigido por la Academia Británica descubrió que «la covid-19 y la respuesta gubernamental a ella han repercutido en diferentes personas de diversas maneras, a menudo amplificando las desigualdades estructurales ya existentes en renta y pobreza, las desigualdades socioeconómicas en educación y capacidades y las desigualdades intergeneracionales, con especiales consecuencias en los niños».[15] Tales desigualdades pueden hacer que ahora nos resulte aún más difícil aunar esfuerzos.

Sin embargo, el segundo efecto que hemos constatado es justamente el que pusieron de manifiesto los patinadores y otros ciudadanos que dependían de esas plazas para satisfacer sus necesidades y que lamentaban tanto su cierre obligatorio por razones de salud pública como el hecho de que los gobiernos, desbordados por la pandemia, ya no fueran capaces de gestionar el mantenimiento básico de las infraestructuras mientras permanecían cerradas por mandato. En tales circunstancias, diversos individuos y grupos reaccionaron creando sus propias plazas, desde huertos comunitarios y bancos de alimentos hasta pistas de monopatín; proyectos que en algunos casos fueron tan importantes para las comunidades que fomentaron una nueva manera de concebir lo que deberían ser los espacios públicos pospandémicos y cómo deberíamos imaginarlos colectivamente.

La plaza: una peluquería, un salón de masajes, un restaurante local, la librería-cafetería que abre toda la noche, una pista de monopatín comunitaria al aire libre... No ir solo a la bolera, sino acompañado.[16] Estar físicamente presente en la esfera pública, de forma reiterada, y llegar a conocer a la gente que habita en ella para forjar un vínculo común, un reconocimiento mutuo y una razón de ser del propio lugar en sí.

Ese vínculo, más que cualquier espacio concreto, constituye mi tercer pilar en nuestro afán de convertirnos en ciudadanos mejores, más felices y activos. No es nada nuevo. Y a algunos países, como, por ejemplo, Estados Unidos, de hecho, se les dio bastante bien en su día establecer ese tipo de vínculos o, al menos, a una parte de su población. Tanto es así que un francés que visitó el país, Alexis de Tocqueville, no pudo menos que elogiar la vida asociativa estadounidense y sugerir, no sin cierta envidia, que era esa característica peculiar la que hacía que la democracia estadounidense funcionara cuando ninguna otra parecía hacerlo tan bien. Sin duda, las cosas han cambiado desde entonces, puesto que hablamos de principios del siglo XIX. No sé qué habría pensado Tocqueville de una pista de monopatín construida por la propia comunidad como forma de vida asociativa democrática, pero creo que probablemente le habría impresionado. Los múltiples ejemplos que proliferaron durante la pandemia demuestran que los fundamentos ya están ahí, aunque todavía latentes, en muchas culturas concretas, si no en países enteros, por muy divididos que podamos estar ahora. Desde estos proyectos de ocio hasta los huertos y jardines comunitarios que surgieron en todo el mundo para ayudar en las crisis alimentarias, sabemos que la gente anhela disponer de ese tipo de lugares, puesto que el espacio público es un buen maestro, y nosotros tenemos mucho que aprender de él tras el prolongado cierre de nuestros espacios y una vez encarado el futuro pospandémico de la plaza.

De acuerdo, pero ¿por qué es relevante todo esto en mi teoría? Pues sencillamente porque las normas no pueden brindarnos la cooperación. La ley no nos anima, ni siquiera nos obliga, a cooperar; no es ese su objetivo. La plaza, en cambio, es el lugar donde resolver mediante la cooperación, donde construir un sentimiento de identidad compartida, donde averiguar lo que tenemos en común y lo que no, y a veces eso puede implicar incluso un poco de conflicto. Imagine por un momento que se encuentra en la larga cola de un supermercado, donde solo hay una caja abierta y el personal está de cháchara. Intercambia una mirada con la persona que tiene delante en la cola y luego con la que tiene detrás. Uno de ustedes empieza a hablar, mencionando que ha dejado el coche en una zona de estacionamiento de tiempo limitado, que tiene que ir a recoger a su hijo al colegio, y se pregunta si no podrían abrir otra caja. Cuando algunas personas más se unen a la conversación, un miembro del personal se percata de su descontento o bien uno de ustedes —fortalecido por saber que comparte los sentimientos de los demás— pide valientemente al personal que abran otra caja, cosa que hacen. Entonces se da cuenta de que probablemente solo necesitaban un empujoncito. Ese es el poder de la plaza, aunque en este caso sea de una forma muy inmediata y finita.

La plaza funciona porque brinda un espacio para el conocimiento común, para aumentar las posibilidades de que yo sepa algo, de que otro sepa ese algo y de que lo sepa aún otro. Cuando se enuncia de ese modo puede sonar como una adivinanza infantil o un trabalenguas: yo sé que usted sabe que yo sé..., y así sucesivamente. Pero se trata de un concepto fundamental en ciencias sociales y, de hecho, actualmente se cree que el conocimiento común constituye el núcleo de la cooperación. Porque siempre que intentemos cooperar tendremos algunos problemas de coordinación: por ejemplo, dónde reunirnos, cuándo hacerlo, cómo llegar, quién hace qué..., ese tipo de dificultades surgen en todas partes. Imagine, por ejemplo, que trata de organizar una cita para que su hija y dos de sus jóvenes amigas jueguen en un espacio público o, peor aún, que intenta reunir a un pequeño grupo de parientes para celebrar un cumpleaños: no resulta nada fácil, ni siquiera en nuestro mundo actual caracterizado por la alta tecnología. Este sencillo hecho —que la coordinación es compleja y que a menudo su falta impide la cooperación— puede ser explotado por los gobiernos, en particular los gobiernos totalitarios, como una forma de impedir las protestas y otros tipos de acción colectiva que pretenden desafiar las praxis vigentes. Piense por un momento en las películas sobre la Guerra Fría que describían la vida en la Europa del Este y el antiguo espacio soviético. Uno de los objetivos del régimen dictatorial era impedir el conocimiento común: impedir que la gente supiera que había otros que estaban hartos del régimen y querían cambiarlo, que supiera que otros lo sabían, etcétera. Las dictaduras prosperan cuando atomizan a la población, porque una población atomizada suele ser más débil y la gente ignora que otros también están hartos y desean un cambio y están dispuestos a hacer algo al respecto... siempre que no tengan que hacerlo solos. Cuando no existe un conocimiento común, el único conocimiento es privado; o no es conocimiento en absoluto, sino algún tipo de noticias falsas fabricadas por el régimen, sus marionetas o un tercero con intereses privados. La auténtica democracia necesita cooperación; la cooperación necesita un conocimiento común, y el conocimiento común necesita la plaza.

Michael Chwe, especialista en teoría de juegos y uno de los más destacados teóricos del conocimiento común, hablaba de un experimento realizado en México,[17] que describía así:

> [...] en colaboración con la oficina de la UNESCO en México, Eric Arias, estudiante de posgrado en Ciencias Políticas en la Universidad de Nueva York, midió los efectos de un programa de audionovelas contra la violencia en San Bartolomé Quialana, una comunidad rural de Oaxaca. Arias descubrió que cuando una persona escuchaba la novela en un reproductor de CD en su propia casa, esta no tenía un efecto significativo en su actitud respecto a la violencia contra las mujeres. En cambio, sí lo tenía cuando el programa se emitía por el altavoz del pueblo o en reuniones comunitarias. En otras palabras, la novela solo parecía ser eficaz cuando devenía conocimiento común, cuando cada persona sabía que otras también la escuchaban.[18]

Esto sucedía porque cuando los que escuchaban el mensaje contra la violencia en los espacios públicos veían que otros también lo escuchaban, comprendían que ahora los demás sabían que la violencia contra las mujeres era problemática. Así que no se trataba solo del contenido del mensaje, sino del hecho de que ahora la gente sabía que los demás también habían escuchado ese importante contenido, y la idea de que la violencia doméstica era un horror devenía ahora conocimiento común. Otro ejemplo más del poder único de la plaza.[19]

¿Existe algún otro indicio de otro tiempo o espacio que sugiera que algo de esto es realmente importante para la democracia, para mejorar nuestra vida en otros aspectos? A finales de la década de 1980, mi antiguo colega de Harvard Bob Putnam se propuso, junto con dos investigadores italianos, Robert Leonardi y Raffaella Nanetti, estudiar la democracia en Italia. Bob y su equipo estaban especialmente interesados en comprender la variación en un mismo país; es decir, la variación en lo «democráticas» que resultaban algunas regiones de Italia, mientras que otras parecían serlo menos. Partiendo de un momento histórico situado en la década de 1970, cuando el Gobierno central italiano decidió descentralizarse, otorgando a cada región cierta autonomía legislativa en determinados ámbitos políticos, además de su propia infraestructura institucional, Bob y sus colegas pretendían saber por qué, unos veinte años después, algunas de dichas regiones constituían brillantes ejemplos de democracia (eficientes, responsables ante la ciudadanía y eficaces en la provisión de bienes públicos) mientras que a otras les costaba cumplir incluso los criterios básicos. Y descubrieron algo sorprendente: que el éxito de la democracia dependía básicamente no de la calidad de los legisladores o de las instituciones, sino de los vínculos horizontales entre los ciudadanos. Putnam se refería a dichos vínculos y a las normas asociadas a tales conexiones como «capital social». El norte de Italia era, con diferencia, la región que salía mejor parada; y lo que descubrieron él y su equipo fue que esta región tenía una historia de participación comunitaria —gremios y clubes, agrupaciones corales, etcétera— más sólida que sus homólogas del sur.[20]

Cabe hacer aquí dos advertencias. En primer lugar, aunque estas correlaciones están documentadas, no siempre comprendemos plenamente la dirección de la causalidad, lo que significa que en este tipo de investigación siempre existe el problema del huevo y la gallina. Aun así, una correlación demostrada ya constituye un dato bastante relevante. Es más, el fenómeno educativo que más adelante examinamos en detalle —un hecho que cautivaría la imaginación de los educadores de todo el mundo— nació justamente en la ciudad septentrional italiana de Reggio Emilia, en Emilia-Romaña, la región que en la investigación de Putnam obtuvo mejores resultados que en todas las demás. Parece que la confianza establecida mediante el capital social reviste importancia a largo plazo para la cultura de la democracia y sus ciudadanos.

La segunda advertencia se refiere a los posibles peligros del capital social, o llamémoslos las perversiones de esos grupos sociales. La politóloga Sheri Berman planteaba una importante crítica al postulado de que las asociaciones cívicas, y en particular los grupos muy organizados, conducían de forma lineal a una democracia robusta, mostrando, por ejemplo, que, durante el periodo de Weimar —un periodo progresista y rico en experimentos—, los nazis alemanes se propusieron y lograron infiltrarse en los grupos cívicos existentes, utilizando esa densa red de capital social para promover sus propios objetivos fascistas.[21] Debemos ser, pues, cautelosos al respecto. Pero la clave de lo que a mí me gustaría fomentar no son tanto los grupos jerárquicos o los equipos juveniles con cuotas elevadas y requisitos de ingreso competitivos (aunque puede ser agradable participar en grupos juveniles voluntarios y de otro tipo), sino más bien el encuentro espontáneo de personas en la esfera pública, donde se puede entrar y salir libremente, donde no hay cuotas ni tarifas que pagar, donde los líderes —si es que existen— son meros facilitadores o coordinadores más que directores o gerentes o capitanes y donde nos reunimos por voluntad propia y sabemos que no se nos exigirá presentarnos, estar allí, si no queremos.

Hace medio siglo, el filósofo alemán Jürgen Habermas fue uno de los primeros en teorizar sobre lo que él denominaba la «esfera pública». En un artículo ya clásico, Habermas afirmaba que «por "esfera pública" entendemos, ante todo, aquel ámbito de nuestra vida social en el que puede conformarse algo similar a la opinión pública. Todos los ciudadanos tienen garantizado el acceso».[22] Los teóricos alemanes de posguerra, Habermas principalmente entre ellos, comprendían y aceptaban la incapacidad de las teorías marxistas de proporcionar vías realistas para avanzar. Habían visto alzarse el Muro de Berlín, y, sin embargo, no estaban en completo desacuerdo con el proyecto intelectual: las críticas al capitalismo presentes en la obra de Karl Marx y su trabajo con Friedrich Engels. Muchos de ellos discrepaban vehementemente de la encarnación política que por entonces adoptó el marxismo en la Unión Soviética y la Europa del Este, pero se preguntaban si podía salvarse algo del proyecto intelectual que inició Marx. Así, la Escuela de Fráncfort, un heterogéneo grupo de intelectuales que aspiraban a rescatar parte del germen del pensamiento marxista y hacerlo más aplicable a las entonces acuciantes inquietudes de la posguerra, pretendía, comprensiblemente, pensar menos en las clases políticas y en los políticos, y más en el poder de la esfera pública, de los ciudadanos de a pie comprometidos unos con otros en esos espacios libres a fin de generar pensamientos, críticas a las clases dirigentes e incluso programas para un futuro mejor, más equitativo y democrático.

Pero aquellos filósofos, incluido el propio Habermas, señalaron también los problemas reales de conseguir una auténtica esfera pública ideal, en particular el requisito de que «se garantice el acceso a todos los ciudadanos». Para ser conscientes de la importancia de hacer énfasis en lo de «todos», baste pensar en las mujeres y las minorías, en las personas con afecciones físicas o mentales, en todas aquellas que no pueden acceder libremente a la esfera pública y, en consecuencia, se pierden el importante y necesario proceso de la vida social en el que puede formarse algo parecido a la opinión pública.

Internet y las redes sociales han hecho una importante aportación —aunque con matices, y no exenta de intereses comerciales y otros intereses y controles privados— a la apertura de la esfera pública a todos nosotros. Pero lo que ahora seguimos necesitando más que nada, una vez que ha quedado atrás la pandemia de 2020, es un genuino espacio público presencial, una plaza, cuyo acceso no solo esté garantizado sobre el papel, sino también de una forma realista, concreta, para todos.

¿Qué aspecto tendrán esos espacios en los próximos años? No pueden ni deben ser los espacios excluyentes que han mantenido a ciertos géneros o razas, a ciertos grupos, al margen de la participación, ya sea formal o prácticamente. Hoy podemos reconocer que algunos de nuestros espacios históricos más preciados son inaccesibles para muchos: aunque, por ejemplo, yo pueda elegir llevar tacones de aguja y atravesar con extremo cuidado una calle adoquinada en el centro histórico de una población, la experiencia es radicalmente distinta a la de tener que recorrer ese mismo tramo en silla de ruedas, en cuyo caso los adoquines devienen una barrera que impide físicamente el acceso.

¿Y qué hay de los adoquines que no se ven? También aquí debemos pensar en el prójimo: en quienes, por ser neurodivergentes, encuentran agobiantes algunos espacios; en las mujeres con bebés que necesitan disponer de rincones tranquilos en los espacios públicos para dar el pecho; en los transexuales que no quieren que la gente se los quede mirando o se los ridiculice en público; o en quienes ni siquiera pueden abandonar sus casas o lugares de trabajo para reunirse con otros porque de algún modo no pueden permitirse salir, quizá porque son económicamente vulnerables y por ello no pueden dedicar tiempo al ocio. Todas esas situaciones crean barreras de acceso a la esfera pública, y en nosotros recae la tarea de crear plazas abiertas que todos podamos frecuentar; a nosotros corresponde pensar en cómo podemos hacer que el tiempo de ocio sea cada vez más una parte necesaria de la jornada para todos. No el tipo de ocio llamativo o visible que preocupaba, con razón o sin ella, a Thorstein Veblen a finales del siglo XIX —el consumismo derrochador que para él no era en realidad ocio en absoluto, tan solo mera búsqueda de prestigio social—, sino el ocio que nos permite a la vez apreciar nuestras diferencias y encontrar un terreno común, tanto literal como figurado.[23]

Así que incluso llegar a la plaza puede ser problemático y excluyente, y es aquí donde tenemos que trabajar más y generar nuevas ideas. Apoorva Tadepalli, una periodista de Bombay, comentaba:

> Existe una exclusión infraestructural que se materializa en las estaciones y los horarios del transporte público, diseñados para el viajero que se desplaza de casa al trabajo y viceversa en horas de oficina, que no tiene ninguna discapacidad, que no es una mujer embarazada y que por el camino no tiene que detenerse en la tienda de comestibles o en la guardería. A las mujeres también se las grava con el impuesto rosa, dado que dependen más que los hombres del transporte público y mensualmente gastan más en él, sobre todo, si ejercen la función de cuidadoras primarias. Y luego está la exclusión psicológica: las mujeres deben incluir asimismo el temor a ser agre-

> didas en su rutina diaria al desplazarse por espacios públicos, lo que supone un peaje mental (y quizá también económico, dada la protección que brinda coger un taxi o vivir en un edificio con seguridad).

Tadepalli escribía estas palabras al analizar el trabajo de Leslie Kern, una feminista y experta en urbanismo de Toronto que intenta hacernos ver las formas manifiestas y encubiertas, deliberadas o no, en que nuestras ciudades y espacios discriminan y excluyen, y, por ello, resultan ser cualquier cosa menos democráticos.[24]

Por fortuna, Kern no es la única que nos ayuda a abrir las plazas, ya sea espiritual o literalmente. Hoy, diversos arquitectos y expertos en salud pública, geografía y planificación urbana también se están uniendo para diseñar lo que se ha dado en llamar *barrios conscientes de la experiencia traumática*. Se trata de espacios públicos cuyos artífices examinan detenidamente los aspectos físicos del barrio —«iluminación, densidad del tráfico, ruido y espacios verdes»— e intentan documentar los posibles perjuicios tanto para la salud física como para la mental, pero también reflexionar acerca de cómo determinados diseños concretos en los barrios pueden desencadenar experiencias traumáticas o, por el contrario, propiciar un efecto sanador y, de hecho, están encontrando formas de que predomine esto último.[25]

Por ejemplo, un progenitor que haya optado por quedarse al cuidado de la casa necesitará disponer al menos de un rato cada día para salir y acceder a la plaza y necesitará hacerlo con seguridad y de una forma que encaje con las necesidades de sus hijos. De manera similar, si una persona trabaja como niñera durante el día y luego limpia oficinas por la noche, debemos hacer igualmente que de algún modo pueda participar en la vida asociativa. Porque, durante largo tiempo, la neta distinción entre las esferas privada y pública ha partido de una concepción irreal de la plaza:

la de unos hombres blancos disfrutando de su tiempo libre. Ahí reside gran parte de lo que vio Tocqueville y de lo que le dejó prendado. Pero un Tocqueville actual —un gran amante de la igualdad como él— seguramente lo vería como un buen comienzo, es cierto, pero también como un estado de cosas desequilibrado, desigual e insalubre, puesto que nuestras esferas públicas y nuestra vida asociativa nunca prosperarán plenamente hasta que todos tengan acceso a ellas, hasta que se haya dotado a todo el mundo de las capacidades necesarias para la participación.[26]

En cuanto a los pasos prácticos que podemos dar al respecto, deberíamos fijarnos en Kern y en otros importantes trabajos que están realizando un número cada vez mayor de geógrafos, urbanistas y arquitectos paisajistas a quienes preocupa la cuestión del acceso. Otro buen ejemplo de ello es el trabajo de la geógrafa Elizabeth Sweet, que cree que podríamos reducir la violencia en los espacios urbanos vinculando las esferas pública y privada en lugar de separarlas, difuminando, de hecho, la distinción entre ellas. Radicalmente distinta en cierto modo del proyecto post-Escuela de Fráncfort que las diferenciaba a fin de proteger la vida asociativa, esta idea fusiona ambas esferas. Podría decirse que la esfera privada está en el centro de muchos problemas actuales, incluido el continuado sometimiento de las mujeres, pero también el de las personas LGTBIQ+. Y sigue constituyendo el espacio por defecto de algunas personas con discapacidad o de cualquier minoría que se sienta, si no legalmente, sí emocionalmente o de otro modo excluida de la esfera pública: la madre o el padre que se quedan al cuidado de la casa sin tiempo libre; el joven con síndrome de fatiga crónica al que le cuesta incluso levantarse de la cama; el adolescente autista que teme la interacción social... De ahí que Sweet abogue por una planificación urbana que se centre realmente en nuestras partes privadas, en nuestros cuerpos y emociones, como punto de partida. Esto es la ciudadanía encarnada. Y tiene sentido, porque sabemos que la seguridad física y emocional resulta manifiestamente crucial para la comunidad (el espacio público) y sabemos también que esa seguridad tiene un efecto de retroalimentación directo en el cuerpo físico y la mente del individuo (el espacio privado). Para Sweet, pues, los dos ámbitos están íntimamente relacionados de forma recíproca y dinámica; y entonces, ¿por qué mantenerlos artificialmente separados? Concebir un espacio urbano incluye, para Sweet, pensar en la emoción urbana, y cualquier intento de contribuir a crear lo que yo denomino plazas necesitaría considerar las formas de posibilitar una auténtica participación, pero también la capacidad de los espacios para absorber y mediar emociones, como un modo de fusionar lo privado y lo público, de darles mayor continuidad porque hacemos que tales espacios nos resulten más cómodos y acogedores.[27] Se trata de un nuevo tipo de cuerpo político, un cuerpo encarnado. Obviamente, necesitamos saber, pensar y debatir todo esto juntos para averiguar cómo podría llevarse a la práctica.

Pero tenemos algunas ideas acerca de por dónde y cómo podríamos empezar. Cuando estuvimos ausentes de las plazas durante la pandemia, todos sufrimos, y los datos revelan el notable incremento de los problemas de salud física y mental directamente relacionados con nuestro aislamiento.[28] Pero cuando regresamos a aquellos lugares y espacios, especialmente a nuestras plazas al aire libre, tuvimos una increíble conciencia de lo que había cambiado. La contaminación se había reducido, al tiempo que había aumentado la biodiversidad. Diversas especies de aves habían empezado a utilizar cantos de cortejo que no se oían desde hacía décadas debido al ruido del tráfico y la industria. Y en la India, los residentes de algunas zonas podían ver el Himalaya por primera vez en decenios desde las azoteas de sus casas. Todo ello nos motivó a volver a nuestros espacios, pero de forma distinta.

Empezamos a pensar más en la luz y en la contaminación lumínica; empezamos a pensar más en cómo nuestros sentidos se habían visto desbordados por nuestros espacios públicos, en lugar de nutrirse de ellos.

Tomemos, por ejemplo, el caso del sonido, o la falta de él. Alain Corbin, el gran historiador francés especializado en el estudio de las sensibilidades, señalaba que, hace siglos, «la intimidad de los lugares, la de la estancia y sus objetos, la del hogar, estaba tejida de silencio».[29] De hecho, el silencio —y todo lo que conlleva, no solo la ausencia de ruido— puede ser un buen lugar por donde empezar; no prohibiendo el ruido, sino intentando recuperar algo de la intimidad de la esfera privada y trasladándola a la pública. Lo que nos ha revelado nuestro regreso a las plazas tras la pandemia es que podemos trabajar con los urbanistas y las Administraciones locales para crear un museo público viviente del silencio, en el que diversos reductos íntimos de nuestra propia identidad privada puedan sentirse cómodos y acogidos en la esfera pública, lo bastante para poder compartirlos y experimentarlos juntos. Corbin hace un alegato, escrito con exquisita elegancia: «En este libro, la evocación del silencio de otros tiempos, de las modalidades de su búsqueda, de sus texturas, de sus disciplinas, de sus tácticas, de su riqueza y de la fuerza de su palabra tal vez pueda contribuir al reaprendizaje del silencio, es decir, del estar con uno mismo».[30] ¿Y cómo podemos lograr tal cosa? Quizá la «ciudad de los quince minutos», una de las ideas actuales más candentes y controvertidas, sea un buen punto de partida.

La ciudad de los quince minutos, o del cuarto de hora, es un concepto recientemente popularizado por el urbanista franco-colombiano Carlos Moreno, quien se lamentaba de que se nos exigiera constantemente adaptarnos a una infraestructura urbana que nos impedía de manera creciente satisfacer nuestras necesidades básicas desplazándonos a pie o en bicicleta. Para realizar todo tipo de actividades, desde hacer la compra hasta ir al médico, desde conseguir una barra de pan hasta encontrar un parque infantil, nos veíamos obligados a coger el coche, o, en caso contrario, evitábamos por completo realizar tales desplazamientos, lo cual estaba provocando la desaparición de la plaza.

Lo que proponía Moreno, y han tratado de poner en práctica varias ciudades, como París o Seattle, era la idea de que, en un espacio urbano, muchas de las necesidades de los habitantes, si no todas, deberían estar a su alcance en un radio máximo de quince minutos de trayecto a pie o en bicicleta.

¿Cómo se consigue eso? Bueno, para empezar, utilizando y reutilizando espacios ya existentes, pero de forma original. Una idea creativa al respecto, por ejemplo, es que los patios de recreo de las escuelas permanezcan abiertos después de las clases a fin de ofrecer espacios que la comunidad pueda utilizar para otras actividades o eventos. Así, en lugar de expulsar a los padres del recinto escolar cuando acaba la jornada lectiva, se permite a los progenitores y a sus hijos quedarse o incluso se los anima a hacerlo, junto con otros residentes de la comunidad: puede que en ese espacio se den clases de taichí financiadas por el Ayuntamiento o acaso se invite a los residentes de edad avanzada a pasear por el recinto a fin de hacer ejercicio. Para Moreno, se trata de aprovechar lo que ya existe, de que los propios espacios sean polivalentes. Lo que debemos hacer también es fomentar que esas plazas se parezcan más a las antiguas, con menos tráfico y menos ruido, pero donde se escuchen más los sonidos apropiados: los de la gente hablando, jugando, viviendo...

En una Charla TED que dio en 2020, Moreno dijo que solo hay tres elementos clave para iniciarnos en el camino de la ciudad de los quince minutos. Sin duda, estos requieren una infraestructura de apoyo, y aquí es donde las Administraciones locales y sus presupuestos y juntas de planificación pueden ser de ayuda. Para empezar, Moreno afirma que las ciudades han de concebirse para las personas, no para los coches; en segundo término, cada metro cuadrado del territorio urbano debe utilizarse para múltiples fines, no debe servir a un único propósito; y, en tercer lugar, el barrio debe organizarse de manera que los residentes puedan vivir, trabajar y prosperar sin tener que trasladarse diariamente en transporte de un lado a otro. Eso no significa, obviamente, que la gente no pueda o no deba desplazarse o salir de sus espacios inmediatos si lo desea. No se trata de crear un enclave cerrado, una comuna tipo secta, que construye muros para mantener a la gente dentro y a los foráneos fuera. No estamos volviendo a la ciudad amurallada medieval, por más que busquemos inspiración en la historia.

Aristóteles postulaba que la política era esencial para el desarrollo de buenos ciudadanos, porque creía que a través de nuestra participación en la polis desarrollábamos nuestro carácter de tal manera que nos hacía buenos; buenos en el sentido de poseer virtud cívica, un tipo concreto de actitud bienintencionada hacia nuestros conciudadanos que, en palabras de Michael Sandel, «no podemos desarrollar en casa».[31] Terminaré este capítulo sugiriendo aquí un matiz crítico: ese es justamente el tipo de virtud cívica que queremos y necesitamos desarrollar, pero que, de hecho, puede y debe desarrollarse «en casa», donde la «casa» no es la vivienda privada ni el mundo de la política electoral, sino esa esfera pública situada a caballo entre ambos que aquí he dado en llamar la *plaza* y que, en muchos aspectos, es y debe ser «política».

Ciertas evidencias nos están mostrando ya cómo funciona. Antes de la pandemia, diversos sociólogos y criminólogos se propusieron estudiar una de las ciudades más citadas del Reino Unido por sus altos índices de delincuencia, Sheffield, antaño una ciudad muy ruidosa y el corazón de la producción de acero durante la Revolución Industrial. Querían ver si existía alguna variación significativa entre los distintos barrios y, de ser así, qué explicaba la existencia de «sobresalientes», es decir, de barrios que, pese a los factores habituales que tendían a provocar una elevada delincuencia, en realidad salían bastante bien parados. Un recorte presupuestario producido en un momento dado, que supuso una menor inversión estatal en infraestructuras, incluida la policía, brindó a los investigadores una gran oportunidad para observar si alguno de los grupos que vivían en esta compleja ciudad era «resiliente».[32] De manera similar a lo que ocurría en otras ciudades muy distantes geográfica y culturalmente como Kerala, o en otras como San Francisco o Chicago, los investigadores descubrieron que, en efecto, había variaciones. Y los factores que más importantes se revelaban a la hora de ayudar a los grupos a tener un sentimiento de identidad propia y un deseo de progresar eran los espacios públicos comunitarios, que incluían tanto zonas verdes como espacios interiores, pero que siempre —lo que resultaba especialmente importante en ambos casos— eran aquellos en los que había menos destrucción social y medioambiental y una mayor sensación de seguridad, en todos los significados del término.[33] De manera que la plaza desempeñaba un papel crucial, pues era allí donde los individuos podían reunirse cara a cara, intercambiar ideas y conocerse unos a otros de formas que no solo revestían importancia de cara al ocio y la salud física y mental, sino también para favorecer una ciudadanía segura.

¡Adelante, pues!: déjese caer a menudo por una plaza. Lleve consigo a un amigo o a un vecino. O conozca allí a una nueva amistad y vea lo que pueden hacer juntos. Si hacemos eso, aumentamos nuestras posibilidades de alejarnos de la jerarquía y el liderazgo al entrar en esos espacios, y de limitarnos simplemente a ser, lo cual nos brindará una ciudadanía encarnada, una que realmente involucre nuestros sistemas sensoriales y motores.[34] Porque la ley puede contenernos, puede decirnos lo que nuestros líderes creen que está bien y mal; pero recordemos su naturaleza conflictiva, su violencia: como dice el jurista Austin Sarat, «la ley depende de la violencia, que utiliza como contrapartida de la violencia supuestamente más letal y destructiva situada justo más allá de sus límites. Pero la violencia de la que depende la ley siempre amenaza los valores que esta defiende».[35] No necesitamos más violencia, de ningún tipo, en nuestras democracias.

Este capítulo ha tratado de los espacios cooperativos de la ciudadanía, de cómo acceder a ellos, cómo hacer que funcionen para nosotros y cómo darnos cuenta simplemente del potencial que encierran cuando nos encontramos en ellos, de una forma natural. El próximo capítulo aborda los proyectos que pueden emanar espontáneamente del tiempo que pasemos en dichos espacios y de los proyectos que, recíprocamente, también pueden hacernos volver a ellos una y otra vez. Para que todos nos conozcan.

Capítulo 5

CULTIVAR Y COMPARTIR NUESTROS PROPIOS TOMATES

En la campiña semiárida del suroeste de Francia, a una hora en coche de la ciudad de más rápido crecimiento del país, Montpellier, conocí a una pareja francesa de mediana edad, Frédéric y Dominique, que han construido lo que consideran un proyecto político. Se trata de un experimento de permacultura en una vasta parcela deshabitada de tierra extremadamente seca. Incorporando algunas de las últimas tecnologías de baja intensidad, pero recurriendo también a principios ancestrales, esperan volver a lo que ellos y otros muchos señalan que era la originaria concepción griega del ser humano, de la tierra.

Las palabras de Frédéric me hicieron recordar que, según la mitología griega, el dios titán Prometeo creó a la humanidad a partir del barro, es decir, de la propia tierra. Robando el fuego a los dioses y dándoselo a los humanos, capacitó luego al hombre para cuidar de sí mismo y de sus semejantes. El proyecto de Frédéric y Dominique, que mantiene toda su espontaneidad y flexibilidad, pretende fomentar un sistema de estructuras autosostenibles que protejan el medio ambiente y puedan nutrir tanto a la propia tierra como a una comunidad de visitantes y educadores, promoviendo a la vez la autosuficiencia, por un lado, y una sana codependencia, por otro. Empleando energía solar e hidroeléctrica para cultivar alimentos y calentar las instalaciones, este aspira a ser no un espacio aislado, sino experimentalmente autosuficiente, independizándose tanto del Estado como de las industrias privadas. Su piscina, por ejemplo, no es un producto fabricado e importado —con la importante huella de carbono que ello suele conllevar—, sino un hoyo excavado en el suelo, donde las algas que se forman de manera natural actúan como sistema de filtrado. Nadando en ella, sentí que sus aguas de color verde esmeralda me envolvían, mientras mi cuerpo empezaba a apreciar su pureza y la ausencia de cloro. Contemplando la inmensidad del cielo, mi familia y yo experimentamos una conexión con la tierra que debo decir con franqueza que nos hizo sentir enraizados en ella. Desde ahí, desde ese compromiso y respeto por aquel espacio exento de materialismo, pero dotado de una sólida materialidad, empezamos a abrir nuestra mente al tipo de solidaridad y autosuficiencia que adquieren un significado relevante para los órdenes espontáneos que hoy necesitamos. Ahí empecé a imaginar un mundo en el que nosotros mismos abrazamos esos principios de autosuficiencia a fin de ocuparnos de los problemas paralelos de la escasez de alimentos y la ruina medioambiental.

La ley aún no nos dice cómo ser autosuficientes, sobre todo en esas áreas cruciales tan inmediatas a nuestra vida cotidiana como son la alimentación y el mundo natural que nos rodea. De hecho, la ley no tiene por objetivo fomentar nuestra independencia, así que ¿cómo vamos a esperar que nos anime a cultivar y compartir nuestros propios alimentos? Es cierto que existe un ámbito legislativo, que conocemos como derecho medioambiental, que está adquiriendo creciente importancia conforme los pueblos de todo el mundo empiezan a elaborar nuevas leyes para proteger la Tierra y a llevar a las empresas y los gobiernos ante los tribunales para exigirles responsabilidades por aquellas políticas y prácticas que violan los principios medioambientales. Se trata de importantes aplicaciones del derecho, que no voy a pretender que sean inútiles. De hecho, esta puede ser un área crucial en la que los ciudadanos pueden hacer uso de las leyes, siempre que sean conscientes de ellas. Cuando, por ejemplo, el Tribunal Supremo de Nepal informó a la empresa Godawari Marble de que disponer de un medio ambiente limpio y sano sin duda formaba parte del derecho a la vida garantizado en la Constitución nepalí, la empresa tuvo que escucharlo y poco después se aprobó en Nepal una Ley de Protección del Medio Ambiente.[1] Aunque este fue un paso importante, tanto práctica como simbólicamente, para la salud individual y el medio ambiente, el Tribunal Supremo nepalí intentó equilibrar sus críticas a Godawari Marble afirmando que esta industria era fundamental para la economía de Nepal. Con frecuencia es justamente en esos delicados malabarismos donde los individuos y sus derechos —como el derecho a la alimentación y a una vida limpia y sostenible— pueden perderse. Y si la ley y los tribunales se inclinan demasiado a favor de la industria a gran escala en detrimento de nuestra salud y la del medio ambiente, con ello se ponen de manifiesto en todo su triste detalle las perversiones que entraña nuestra confianza en que la ley y los tribunales hagan el trabajo por nosotros.

Me explicaré. Hace unos años viajé al norte de Italia para trabajar con Alex Majoli, fotógrafo de guerra de la agencia Magnum. Con su asesoramiento, quería formar una etnografía visual de la perversión de la ley, de modo que salí con mi cámara temprano una fría mañana de noviembre para fotografiar... vacas lecheras. Resultaba que estas vacas en concreto producían leche, como cualquier otra cabaña lechera, pero esa leche se distribuía en ciudades y pueblos en máquinas expendedoras con acceso las veinticuatro horas del día. No era como esas tiendas de conveniencia, propiedad de grandes empresas, abiertas día y noche: se trataba de un sistema mediante el cual los granjeros locales entregaban su leche en cubas estériles para que luego los particulares pudieran acudir con sus propias botellas y llenarlas, de manera que incluso si uno necesitaba leche en plena noche, podía encontrarla sin problema. Y lo más interesante de todo: era leche cruda, sin pasteurizar, algo tabú en varias partes del mundo.

Fascinada por el asunto, me dispuse a hacer mis fotos: de las vacas, de los granjeros, y luego de las máquinas y las personas que las utilizaban. Acompañé a una granjera mientras rellenaba las máquinas expendedoras tras una larga mañana cuidando terneros. Lo directa que resultaba esta forma de abastecimiento, en la que la cadena de suministro era extremadamente corta, me parecía de lo más interesante, sobre todo porque las autoridades locales respaldaban este tipo de autosuficiencia.

Ese mismo día, más tarde, ya de regreso a nuestro taller de fotografía, Alex y el personal de su laboratorio (Cesura Lab) parecían un tanto divertidos. Aquellos generosos granjeros nos habían regalado varias botellas de leche cruda, que disfrutamos con té caliente mientras examinábamos nuestro trabajo de la jornada. Pero ¿por qué —me preguntaron— me entusiasmaba tanto aquello? Les expliqué que en Estados Unidos, de donde yo venía, la leche cruda está prohibida por ley en muchos estados, ya que se cree que comporta un riesgo para la salud. Sin duda tiene sus riesgos: si los ganaderos no son cuidadosos con su producción, no adoptan las suficientes medidas de higiene y no someten a sus animales a análisis con regularidad, las enfermedades que puede transmitir la leche por contaminación bacteriana podrían plantear un problema de salud pública. Debido a ello, muchos estados habían impuesto la pasteurización obligatoria, con diversos cambios y excepciones, ya desde principios del siglo XX. De manera que hoy, en algunas zonas de Estados Unidos, aquella deliciosa leche cruda de la que estábamos disfrutando con nuestro té resultaba más difícil de comprar que una pistola. Por ejemplo, en 2022, entre los estados que tenían las leyes menos restrictivas sobre venta de armas, pero en los que la venta de leche cruda estaba prohibida por ley, figuraban Alabama, Virginia Occidental,

Wyoming, Georgia, Alaska, Dakota del Norte y Kentucky. Así de perversa puede ser la ley en los ámbitos relacionados con la alimentación y el medio ambiente. Y cuando se trata de ayudar a la gente a cuidar de su salud y la de la Tierra, a ser autosuficientes en estas áreas clave, la ley parece estar además bastante atrasada.[2]

El economista Scott Nearing creó su propio enfoque, su propio Walden, en Maine, donde practicó y predicó el autoabastecimiento rural y también invitó a otros a aprenderlo.[3] En el Reino Unido, John Seymour hizo lo mismo en buena medida, enseñándonos a nutrir la tierra y a nutrirnos a nosotros mismos, a responsabilizarnos del medio ambiente y de nuestro propio alimento y a recuperar valores que incluían la sencillez y una concepción distinta de lo que significa tener bastante. Más recientemente, y en la que quizá hoy constituya la iniciativa más relevante para todos nosotros, Leah Penniman ha montado una granja ecológica de treinta hectáreas en Nueva York —Soul Fire Farm— basada en lo que ella denomina *silvopastoreo*, una peculiar forma de permacultura que respeta el medio ambiente, produce bienes que luego se donan a los «desiertos alimentarios» racialmente complejos de los alrededores de Albany y, a la vez, educa y anima a los agricultores de color a abrazar la llamada *soberanía alimentaria*, lo que ella y otros consideran un paso clave en la lucha por la justicia racial. Y ciertamente es así. Leah parte de un sencillo dato estadístico: según explica, en Estados Unidos, el 98% de las tierras donde se pueden cultivar alimentos son «propiedad de blancos».[4] ¿Cómo puede ser eso justo en un país en el que, según datos de 2020, los blancos solo representan alrededor del 62% del conjunto de la población?

La resilvestración es un pariente cercano de la permacultura que, especialmente desde la pandemia, ha arraigado en muchos países en zonas rurales, pero también en ciudades. Una antigua granja de Sussex que en su día había probado el uso de antibióticos y de técnicas semiindustriales para mantener su actividad agrícola tomó la decisión de devolver la tierra a su estado «salvaje». Como explica la propietaria de la granja, Isabella Tree, en sus memorias, desde su restauración a ese estado silvestre e inculto, las tierras han experimentado el regreso de una serie de raras e importantes especies de plantas y animales que antaño recorrían esos parajes y que probablemente están en más estrecha armonía con otras especies autóctonas, incluidos nosotros, que las cultivadas con fines industriales.[5] Pero tales proyectos, por más importancia que revistan para el clima y por más románticamente idílicos que nos resulten, también han hallado resistencia y oposición, a veces fundamentados en inquietudes reales de vital importancia. Hay resistencia, por ejemplo, por parte de los agricultores que piensan que el uso de esas tierras debería ser el de producir alimentos apropiados para las comunidades locales de hoy, no para nuestros antepasados cazadores-recolectores, como también por parte de quienes creen que dejar inculta una buena tierra solo satisface a los ricos, habida cuenta de que los pueblos desfavorecidos necesitan viviendas y alimentos asequibles, no carnes ecológicas de razas selectas y a precios desorbitados. De hecho, es difícil alcanzar un equilibrio entre lo que podría ser bueno para el medio ambiente y lo que se requiere de forma inmediata para atender a la población actual y hacer frente a la escasez de alimentos.

Quizá los mejor informados de entre los agricultores autosuficientes, los partidarios del autoabastecimiento y los gurús de la resilvestración, aquellos que se ven a sí mismos como custodios a la vez del pasado, presente y futuro de la tierra, coincidan todos ellos en un punto de intersección común, que puede utilizarse como punto de partida para hallar un equilibrio: a todos los une el deseo de usar sus propios recursos, y a menudo los recursos de la comunidad local, para abastecer a esa misma comunidad y, al hacerlo, proteger la tierra y todas sus criaturas, incluidos nosotros los humanos (pero no solo). La autosuficiencia adoptada para afrontar la escasez de alimentos y proteger el medio ambiente no apoya la agricultura y la ganadería industrial, como tampoco lo hace el movimiento en favor de la resilvestración. Ambas opciones se resisten a lo que consideran políticas desinformadas y miopes que complican o demonizan sus propios esfuerzos por respetar la tierra, su capacidad natural y sus habitantes, sean humanos o no. Y ambas albergan una concepción de la acción individual y colectiva que toma en serio a los ciudadanos y espera que estos puedan, en una iteración futura de nuestro mundo, estar capacitados para pensar y actuar en aras del bien colectivo con el fin de no depender de las cadenas multinacionales de supermercados y los intereses corporativos globales. En última instancia, básicamente, se preocupan por el futuro de nuestros hijos.

Este tipo de autosuficiencia no pretende ser en absoluto un planteamiento vital aislacionista, individualista y preparacionista que nos exija ignorar a nuestra comunidad y nuestro Estado y ocuparnos solo de nosotros mismos. Lejos de ello, lo que propongo aquí es un tipo de autosuficiencia que incorpora ideas de los primeros teóricos del comercio internacional y, en ese sentido, me vienen a la mente David Ricardo y John Stuart Mill. Ambos teóricos postularon un concepto sencillo pero potente: el de la ventaja comparativa; la idea de que las naciones deberían comerciar entre sí en beneficio mutuo, pero de un modo que les permitiera centrarse en aquellas áreas en las que tenían ventajas naturales, a la vez que aceptaban el comercio con otras naciones que tuvieran sus propias ventajas naturales en otras áreas. Esta debería ser la base de nuestra autosuficiencia. No se trata aquí de una situación como la del astronauta Mark Watney, el protagonista de *El marciano*, que se veía obligado a cultivar patatas para su propia supervivencia en Marte, aunque incluso él aprovechaba su ventaja y cultivaba lo único que podía cultivar. Se trata más bien de que conectemos deliberadamente con otros y comerciemos con ellos de forma horizontal, aspirando con nuestros intercambios no a obtener un beneficio, sino a cuidarnos y alimentarnos mutuamente, y posibilitando el tipo de redistribución natural que puede darse cuando cultivamos nuestros propios alimentos y tenemos excedentes que pueden beneficiar a otros.

Puede que el lector conozca *La isla de Gilligan*, una comedia de situación estadounidense que parte de una sencilla premisa: siete personas de muy distinta condición social naufragan en una isla desierta y tendrán que aprender no solo a entenderse, sino a desarrollar y aprovechar la idea de la ventaja comparativa para sobrevivir. Recuerdo que, cuando estudiaba mi licenciatura en Economía, no era infrecuente recurrir a ejemplos de la cultura popular para explicar diversos conceptos. Así que imaginemos a un grupo variopinto de exagerados estereotipos que no se caen necesariamente bien ni tienen nada en común salvo su destino —un altivo millonario y su preciosa esposa, un profesor nervioso y friki, una glamurosa estrella de cine, una granjera con los pies en la tierra y, finalmente, el capitán y protagonista, Gilligan—, cada uno con distintos niveles de habilidad e inteligencia, cada uno con una personalidad peculiar y a menudo problemática, pero que juntos resultan ser lo suficientemente ingeniosos como para mantenerse con vida e incluso ser un poco felices en su diminuto islote en mitad del Pacífico. La serie es una alegoría de la forma en que deberíamos concebir nuestra vida, dado que la mayoría de nosotros, y hoy en día cada vez más, vivimos en comunidades que son al menos tan diversas como la que retrata, no solo en términos de personalidad, inteligencia y capacidades, sino también de raza, religión, etnicidad y demás. Eso es una obviedad. Pero los retos que plantea salvar esas barreras son reales, y las soluciones resultan mucho menos claras, tal como exploraremos en el próximo capítulo sobre la «comida étnica». Pese a ello, revisten cada vez mayor importancia para lograr el tipo de cooperación que pretende salvar las divisiones y construir una comunidad fuerte no a pesar de las diferencias más fundamentales, sino sacando partido de ellas. Tal es el tipo de comunidad que, según nos dicen las investigaciones, tiene más probabilidades de ser robusta y resiliente.[6] Gilligan y su variopinto grupo de náufragos se ven espoleados por la necesidad; no tienen a nadie más en quien confiar, ni Estado, ni Administración, ni corporaciones.

Por fortuna, nosotros no nos encontramos en una situación tan precaria, pero hemos dejado que el Estado, la Administración y las corporaciones existentes obstaculicen nuestros esfuerzos por crear y mantener una vida en común basada en un planteamiento más horizontal. En 2021, un grupo de periodistas de investigación del *Guardian* y la ONG Food & Water Watch publicaron un informe demoledor en el que afirmaban que nuestras supuestas opciones alimentarias eran básicamente una ilusión. Documentaban por qué y cómo «unas pocas empresas transnacionales poderosas dominan todos los eslabones de la cadena de suministro alimentario: desde las semillas y los fertilizantes hasta los cereales y las cervezas, pasando por los mataderos y supermercados». Es más, por si eso fuera poco, «al menos la mitad de los diez empleos peor pagados se encuentran en la industria alimentaria. Las granjas y las industrias cárnicas figuran entre los lugares de trabajo más peligrosos y explotadores» de Estados Unidos, el país donde se había llevado a cabo el estudio.[7] Existen leyes para contribuir a regular estos sectores, pero los legisladores no tienen necesariamente en cuenta los intereses generales cuando abordan la situación de dichas industrias. Recuérdese, por ejemplo, cómo, en el auge de la pandemia, el presidente estadounidense Donald Trump «firmó una orden ejecutiva [...] que obligaba a las industrias cárnicas a permanecer abiertas para evitar la escasez en las cadenas de suministro de alimentos del país, pese a las crecientes noticias de muertes de trabajadores de planta debido a la covid-19». Para ello recurrió a la legislación existente, invocando la Ley de Producción para la Defensa de 1950 con el fin de clasificar las plantas cárnicas como «infraestructuras esenciales».[8] Muchos lo vieron como una muestra de colaboracionismo entre las grandes industrias cárnicas y el Gobierno estadounidense, una postura que usaba la ley para proteger los negocios mientras ponía en riesgo la salud y la seguridad de los trabajadores del sector y de la población en general.[9] De hecho, en muchos países, las leyes relacionadas con el sector alimentario aún no se han liberado de sus vínculos con los poderosos grupos de presión industriales y tienden a centrarse en respaldar y regular la producción en masa, cuando lo que necesitamos, en cambio, es obtener mayor seguridad alimentaria mediante el empoderamiento de individuos y comunidades, además de proteger la propia tierra.

En todo el mundo, los proyectos que se alejan de nuestra dependencia de las industrias alimentarias y de sus proveedores corporativos, así como de las leyes que los regulan y protegen, están volviendo a la idea de trabajar basándose en un esquema horizontal, a escala local y en contacto directo con la tierra. Ante la frustración generada por la falta de acceso a espacios verdes, la desigualdad alimentaria y el aumento de los precios de los alimentos, además del abandono de tierras privadas y públicas desaprovechadas como consecuencia de la indecisión gubernamental o el control de las empresas, mucha gente ha puesto en marcha múltiples proyectos sin esperar a que actúen sus gobiernos. Muchos ofrecen algún tipo de horticultura comunitaria destinada a beneficiar a los vecinos, que aprovecha antiguas ideas relacionadas con el autoabastecimiento, pero que, de nuevo, pretende compartir y cooperar en lugar de aislar. Uno de tales lugares actualmente en desarrollo es la Huerta Comunitaria de Cutteslowe, en Oxfordshire. Cutteslowe es un barrio periférico de Oxford con una historia fascinante: aparece ya en el censo conocido como *Domesday Book* de 1086, donde figura registrado con varias grafías medievales. Antaño el emplazamiento de un túmulo prehistórico y mucho más tarde el lugar donde (en la década de 1930) se construyeron muros de casi tres metros coronados con pinchos para separar a los inquilinos menos pudientes de las viviendas sociales de los propietarios privados más acomodados, hoy alberga una serie de singulares proyectos comunitarios que, tras despegar durante la pandemia, luchan por mantenerse vivos. Edible Cutteslowe, por ejemplo, se define como un grupo informal «dedicado a cultivar verduras y frutas de forma sostenible y a escala local. Al mismo tiempo, esperamos crear comunidad y pasarlo bien. Es sencillo. Cultivas algunas verduras o frutas e invitas a otras personas a recolectar».[10] Trabajando en colaboración con la escuela primaria local, el centro comunitario y el Cutteslowe Community Larder, un banco de alimentos emergente para quienes andan escasos incluso de alimentos y productos básicos, el proyecto aspira a tejer una red de apoyo en toda la comunidad. Y sus inicios fueron de lo más sencillo: en 2020, un grupo de residentes decidieron aunar esfuerzos para resilvestrar parte del terreno comunitario de su rincón del norte de Oxford y convertirlo, con el tiempo, en una iniciativa comestible. Poniéndose en contacto con los vecinos a través de las redes sociales —incluida Nextdoor, que fue donde yo lo encontré—, el grupo invita a los residentes locales a pasarse regularmente por esta plaza para ayudar a limpiar el terreno y plantar y cuidar árboles frutales a los que puede acceder cualquier miembro de la comunidad que quiera, o necesite, un bocado de fruta, una charla con un vecino o ambas cosas.

Claro, habrá quien piense que este es un bonito barrio de clase media cuyos vecinos disfrutan del lujo de disponer de espacio verde y tiempo de sobra y de vivir en una de las zonas más ricas y frondosas del Reino Unido. Eso no es del todo exacto: de hecho, muchos de quienes participan en los mencionados proyectos son padres de clase trabajadora sin demasiado tiempo libre. No obstante, es verdad que hablamos de una pequeña comunidad situada en la periferia de una ciudad rica; así que, ¿qué pasaría si se intentara hacer eso en un lugar mucho más grande y complejo, en una gran ciudad, una metrópoli? ¿Y compartirlo también en ese mismo espacio? Cuando en 2020 el Museo Guggenheim de Nueva York inauguró su exposición «Campo: El futuro» en plena pandemia, los responsables de la institución decidieron cultivar tomates cherris de forma sostenible en la Quinta Avenida, un icónico símbolo de vida y crecimiento en un momento en el que imperaban el estancamiento y la muerte. Como señalaba *The New York Times*, «los tomates, alojados en lo que parece un contenedor de transporte radiactivo en la acera, estuvieron expuestos como parte de la exposición solo tres semanas antes de que la ciudad se replegara sobre sí misma. Pero siguen creciendo, sus frutos se cortan cada martes y se donan al banco de alimentos City Harvest, casi 50 kilos cada vez».[11]

Esta exhibición artística siguió alimentando a los neoyorquinos menos afortunados y, al hacerlo, creó toda una serie de redes, de importantes vinculaciones progresivas y regresivas de cooperación que han trascendido las cambiantes paredes del museo. El siguiente paso sería reproducir esa misma iniciativa: más de tales experimentos con tomates y más ejemplos como este en otras áreas de la agricultura, en el sector textil o incluso en el de la tecnología de la información. Se puede involucrar a los niños en las escuelas ya a temprana edad y de ese modo nace espontáneamente en el espacio urbano una red de cooperación local que se reproduce por sí sola y siembra las propias semillas de su regeneración. Obviamente, es probable que quienes se reúnan para cultivar y compartir tomates tengan al menos algunos valores similares, ideas parecidas sobre lo que es y debería ser el mundo e ideas similares acerca de cómo debería ser una buena vida. En poco tiempo, esas personas, superando otras diferencias que podrían haberlas dividido, también aúnan esfuerzos y encuentran unidad en un conjunto de objetivos comunes, aunque no en todos sus valores. La comunidad se une al tiempo que sigue siendo diversa, y así prospera. Y si hoy son tomates, mañana puede ser otra cosa.

Estos lugares se convierten en micromundos que podemos construir por nuestra propia cuenta, utilizando la ventaja comparativa en el seno de nuestras comunidades para empezar a cuidar unos de otros y cuidar también de nosotros mismos. Quizá no sea casual que el complejo de viviendas de Villeneuve mencionado en el capítulo 2, donde los vecinos aunaron fuerzas para salvar a unos niños de un incendio mortal, tuviera una historia anterior, ya que fue un experimento crucial de urbanismo popular, una especie de idea de taller urbano surgida del movimiento del Mayo del 68 en Francia. Allí, una serie de activistas, educadores, arquitectos y artistas, de diversas razas y orígenes, se unieron para defender sus derechos, sobre todo en materia de vivienda y educación. Los activistas del barrio, entre los que se encontraban el profesor André Beranger, su mujer y sus vecinos, formaron asociaciones de ciudadanos, editaron sus propios periódicos y crearon mesas redondas de residentes a las que se invitaba y animaba encarecidamente a asistir y participar a las Administraciones locales, a fin de que las políticas locales se elaboraran con los ciudadanos, y no solo para ellos. De hecho, su lema pasó a ser: «Lo que se hace para los habitantes, pero sin ellos, a menudo se hace contra ellos».[12]

También hay evidencias de que este tipo de autosuficiencia y organización desorganizada puede tejer una importante urdimbre solidaria incluso en las ciudades más olvidadas del globo. En la década de 1970, dos prominentes arquitectos, el neerlandés Rem Koolhaas y el nigeriano Kunlé Adeyemi, se propusieron ver qué le ocurre a una sociedad en ausencia del Estado, concretamente en el caso de Lagos. Constataron que allí el Estado se había ausentado de hecho, y la ciudad había quedado abandonada a su suerte, tanto en términos de dinero como de servicios; pero, para su enorme sorpresa, resultaba que el vacío que había dejado el Estado fallido lo había llenado «una increíble proliferación de actuaciones independientes: en un día cualquiera, cada ciudadano debía tomar quizá cuatrocientas o quinientas decisiones autónomas acerca de cómo sobrevivir a aquel sistema extremadamente complejo [...] era la ciudad disfuncional por antonomasia; pero en realidad, en términos de todas las iniciativas y el ingenio involucrados, movilizaba un paisaje tremendamente hermoso, casi utópico, de independencia y capacidad de acción».[13] No es casual que la exposición sobre el cultivo de tomates del Guggenheim contara con Koolhaas como su comisario principal, ni que hubiera puesto sus miras más allá de las aceras de Manhattan, examinando no solo el caso de Lagos, sino también otros intentos de encontrar modelos alternativos a las sociedades jerárquicas regidas primordialmente por una ley superior. La exposición, que se inauguró antes de la pandemia de covid-19, fue acogida al principio con perplejidad por los críticos urbanitas; sin embargo, desde su apertura al público en general, se la ha ido considerando cada vez más relevante y profética.

El de la autosuficiencia es un tema que rara vez abordan los eruditos constitucionales o jurídicos. Porque si reflexionamos acerca de la misión que desempeña una constitución, constatamos que lo que hace es establecer una estructura que posibilita la existencia de un Estado y una cierta dependencia vertical entre los ciudadanos y quienes velan por ellos. Pero esa dependencia también puede ser el tipo de jaula de hierro sobre la que tanto caviló el sociólogo Max Weber y que tanto le inquietó también. La ley, y la burocracia que la sustenta, es racional y controladora; de ahí, en parte, que el clima de nuestro planeta esté perdiendo la batalla y de ahí que no nos protegiéramos lo bastante pronto de la covid-19, por no citar más ejemplos. De manera que el hecho de que le cuente todo esto al lector en el presente capítulo es mi forma de sugerirle dónde y cómo podríamos salir de esa jaula de hierro, no para entrar en un mundo irracional e ineficiente, sino en uno más humano.

Curiosamente, a lo largo de la historia surgen diversos ejemplos de autosuficiencia, en distintos momentos y lugares, por parte de gentes que sintieron que se estaban violando sus derechos a causa de unas prácticas injustas, ya fuera por leyes y políticas públicas deliberadas, ya fuera por los efectos desigualitarios del sistema capitalista o por ambas cosas. La cooperativa Freedom Farm, fundada por la activista Fannie Lou Hamer a finales de la década de 1960 en Misisipi, fue un intento de ayudar a los afroamericanos a obtener más libertad política eliminando ante todo su dependencia económica. Su proyecto, y otros que lo siguieron, vivieron oleadas de éxitos y fracasos, pero continúan en la actualidad, ya que la gente es consciente del vínculo inevitable que existe entre la seguridad alimentaria, la autosuficiencia y los derechos civiles y políticos. Y aquí es donde la cuestión de la seguridad alimentaria enlaza con otros aspectos de ser ciudadano, porque las vinculaciones regresivas y progresivas de ser autosuficiente requieren un compromiso horizontal y comunitario, a la par que proporcionan una base para adueñarse de los propios derechos de forma responsable. Si pensamos en el boicot a los autobuses de Montgomery, que se inició en Alabama en 1955, cuando diversos ciudadanos afroamericanos a título individual decidieron compartir sus recursos, incluidos sus automóviles privados, y se organizaron para garantizar que hubiera transporte aun sin la presencia de autobuses en las calles, constatamos que se desarrolló una economía en la sombra de extremada eficacia que permitió aumentar la presión sobre las compañías de transporte público, lo que a su vez allanaría el camino para suscitar importantes cambios en materia de derechos civiles. La autosuficiencia, en este caso en forma de transporte autoorganizado, proporcionó un sustituto viable a las compañías de autobuses segregacionistas, pero hizo algo más que llevar a la gente al trabajo: también contribuyó a respaldar una revolución de derechos. Lo mismo ocurre hoy con la tierra y los alimentos, que, en expresión de Leah Penniman, tienen un papel «sobresaliente» en la protección de nuestros derechos, en la liberación.[14]

El área conocida como Granby Four Streets es un microbarrio de Liverpool cercano al Prince's Park, un histórico parque urbano diseñado y construido a mediados del siglo XIX.[15] Las cuatro calles que le dan su nombre —Beaconsfield, Cairns, Jermyn y Ducie— están integradas en su mayor parte por viviendas adosadas de estilo victoriano y tras la Segunda Guerra Mundial se convirtieron en una zona de asentamiento para inmigrantes de la Commonwealth. El área formada por las cuatro calles más las vías circundantes vio poco a poco instalarse un rico mosaico de etnias y florecer toda una gama de actividades económicas, un fenómeno que se reprodujo en los barrios de otras grandes ciudades europeas que, de manera similar, se poblaron de interesantes y productivos inmigrantes procedentes de las antiguas colonias de la respectiva metrópoli. Pero el declive económico del Reino Unido en la década de 1970 trajo tiempos difíciles en todo el país, especialmente en estas calles, donde se disparó el paro, y las privaciones alimentaron las tensiones étnicas y las consiguientes batallas con la policía y las fuerzas del orden. Varias de las emblemáticas propiedades victorianas quedaron abandonadas, o bien sus residentes fueron desahuciados, y los edificios medio derruidos contribuyeron a desencadenar un declive gradual pero generalizado de aquel microbarrio antaño próspero y experimental.

Con el tiempo, los edificios en cuestión fueron recalificados por el consistorio y la Administración local como espacio de «demolición y desarrollo», las dos *d* que a menudo se imponen cuando la comunidad se marcha y aparecen los promotores inmobiliarios. Años de planificación y reuniones, y de variados esfuerzos por parte de la Administración local, se encontraron con más años de resistencia por parte de los vecinos, que se sentían atrapados entre los «objetivos» de la Administración y la realidad de las viviendas vacías y semiderruidas. Entonces ocurrió algo grandioso: los miembros de la comunidad empezaron a actuar por su cuenta. Los residentes de las calles iniciaron la que sería su propia versión de un proyecto de renaturalización urbana, pintando o arreglando algunos de los destartalados edificios y convirtiendo unos espacios ruinosos y desaprovechados en algo que la comunidad pudiera utilizar por fin. Enfrentado a la acción de los actores locales frente a su propia inacción, el consistorio finalmente accedió a transferir la propiedad de los edificios a los vecinos, que formaron una asociación, y, con la ayuda de diversas entidades, entre ellas el estudio de arquitectura Assemble, convirtieron las antaño semiderruidas casas victorianas adosadas de Granby en un jardín acristalado que ha obtenido varios galardones y que sirve de lugar de encuentro para los miembros de la comunidad: una auténtica plaza, con su propio jardinero permanente. En 2014, Assemble recibió el prestigioso premio británico Turner por su contribución a la construcción de esta verdadera obra de arte viviente; una obra de arte que en realidad fue el producto de unos vecinos autosuficientes que simplemente se cansaron de esperar a que la Administración y el Ayuntamiento los ayudaran a salvar su barrio medio en ruinas.

«Un ingenioso y creativo grupo de residentes empezaron a devolver la vida al barrio desbrozando, plantando, pintando y haciendo campañas. En 2011 adoptaron una forma innovadora de propiedad comunitaria de la tierra, el fondo de tierras comunitarias, para proteger diez casas vacías y renovarlas como viviendas asequibles.»[16] Así es como Assemble describía su visión compartida y su labor con los vecinos. Se trata de una nueva clase de autosuficiencia, dado que el concepto de renaturalización es relativo y no significa únicamente devolver un terreno a su estado inculto. Ciertamente tiene ese significado, pero puede decirse que también significa restaurar un lugar de forma respetuosa con el entorno construido, con la historia y con la memoria cultural de ese espacio, siempre que dicha memoria fuera realmente solidaria con hombres y bestias en toda su diversidad.

El lector podría imaginar ya las vinculaciones progresivas y regresivas que son posibles a partir de este tipo de autosuficiencia para la seguridad alimentaria y la de la tierra. Scott Nearing y otros partidarios de la autosuficiencia ciertamente afirmaban que su modo de vida se traducía en una mejor salud y una menor necesidad de acudir al médico. Eso era algo personal y anecdótico. Pero, más recientemente, los investigadores han acumulado evidencias que demuestran beneficios sustanciales. Por ejemplo, un fascinante tratado que lleva por título simplemente *Rewilding* [Resilvestración], publicado por Cambridge University Press en 2019, recopila pruebas de diversos ámbitos, señalando que «entre los beneficios que la naturaleza proporciona a las ciudades figuran servicios medioambientales o ecosistémicos como la mitigación del calor, la reducción de la contaminación y la protección del agua potable y las aguas pluviales».[17] Pero, más concretamente, detalla las evidencias de los «beneficios cognitivos y psicológicos de tener acceso a la naturaleza», entre ellos «la reducción del estrés y el aumento de la capacidad de atención», además de beneficios para la salud física que incluyen «la mejora de la función inmunitaria, el aumento de la actividad física, la reducción de la morbilidad cardiovascular y la mejora de los resultados del embarazo».[18] Son cosas que más o menos ya sabíamos, o al menos intuíamos. Pero lo que han hecho estos investigadores es revelar la existencia de vínculos directos entre los proyectos de gestión del territorio, huertos comunitarios y renaturalización en espacios urbanos y la mejora de la salud física y mental. De manera que, en efecto, Nearing tenía razón, y puede que nunca averigüemos la causalidad exacta y precisa (si es el mayor contacto con la naturaleza o con otras personas o el sentimiento de haber logrado algo o de haber cumplido un propósito o la experiencia espiritual lo que mejora la salud), porque se trata de bucles de retroalimentación que favorecen de forma constante todos los elementos. Pero lo que sí sabemos es que esos proyectos redundan definitivamente en una mejor salud tanto para los habitantes activos del espacio en cuestión como incluso para los pasivos. Y abundan las evidencias de que las personas atrapadas en los desiertos alimentarios de un país carente del tipo de activismo comunitario que contribuye a proporcionar y compartir productos frescos consumen más alimentos procesados y, a la vez, tienen un mayor riesgo de padecer diabetes, enfermedades cardiovasculares y obesidad.[19]

Los potenciales vínculos entre la seguridad alimentaria, el medio ambiente y la salud no podrían tener un papel más relevante del que actualmente tienen. Recientemente, en países como el Reino Unido, pero también en otros países del mundo a raíz de la pandemia, los gobiernos han propuesto que la gente se cuide mejor y gestione su propia salud, sobre todo en cuestiones menores, porque fenómenos como las listas de espera que se formaron en hospitales y centros de atención primaria tras la pandemia o las huelgas de ambulancias, médicos y enfermeras que se produjeron en el Reino Unido, han sobrecargado muchos sistemas sanitarios hasta el punto de no poder atender las enfermedades graves y aún menos prevenirlas. Asimismo, en algunos países se ha dado a las farmacias mayor capacidad de maniobra e incentivos económicos para que ayuden a responder consultas y asesoren a pacientes, con el fin de aliviar las presiones financieras sobre unos sistemas sanitarios al borde del colapso. Si bien algunos farmacéuticos han advertido de que asesorar en áreas que consideran complejas o que van más allá de sus conocimientos supone una presión indebida para su personal, la colaboración descentralizada que se está animando a ejercer a la población en la gestión de su propia salud para problemas menores es coherente con el tipo de ciudadanía que se propugna en el presente volumen. ¿Qué mejor momento para imaginar una comunidad, cuando los propios gobiernos lo están pidiendo?[20]

El invierno pasado, mientras la jurásica tierra arcillosa de nuestro pequeño jardín triunfaba una vez más sobre las pocas briznas de hierba que luchaban por brotar, como yo deseaba desesperadamente que hicieran persuadida por los ya mencionados proyectos de Tree, Cutteslowe y otros, les dije a mis hijos que estaba resilvestrando el jardín. Seis meses, media pandemia y dos sequías sin precedentes después, mis hijos me señalaron que mi declaración equivalía básicamente a dejar que el jardín se fuera a paseo. En efecto, las pocas hierbas autóctonas «antiguas» que tras una minuciosa investigación compré por internet no cuajaron. Las zarzamoras y grosellas espinosas del anterior propietario de nuestra casa se abrieron paso valientemente mientras mis propios intentos se marchitaban o, en el mejor de los casos, crecían modestamente de forma tímida y casi atemorizada. Las hierbas silvestres que hace largo tiempo habrían sido autóctonas de esta parte de Oxfordshire cercana al campo tardarán en crecer y prosperar; exigirán paciencia. Pero hay que seguir adelante e intentarlo. Así pues, cultive sus propios tomates, dedique tiempo al huerto comunitario, cultive tantos alimentos propios como pueda razonablemente y de forma responsable, con especies autóctonas de su tierra y basándose en principios que respeten el medio ambiente. Y luego, lo que es más importante aún, comparta esa abundancia, sea cual sea su cuantía, con el prójimo.

Capítulo 6

OPTAR REGULARMENTE POR LA «COMIDA ÉTNICA»

Cuando inicié mi carrera docente en el Departamento de Gobierno de la Universidad de Harvard, impartí un seminario para estudiantes de posgrado conjuntamente con el difunto Samuel P. Huntington, el formidable politólogo conocido sobre todo por su tesis del choque de civilizaciones: el postulado de que las guerras futuras se librarían entre culturas, no entre países. Una húmeda tarde, en el mal ventilado edificio de asuntos internacionales, Sam presentó parte de su nuevo trabajo. Se trataba quizá de su idea más controvertida: sugería que tanto la cultura como los valores estadounidenses se hallaban en declive y que ello estaba directamente relacionado con el volumen sin precedentes de inmigración hispana que estaba llegando al país. Obviamente, esta es una forma condensada de formular su argumento, mucho más rico en matices, pero aquella tarde, a través de las ventanas parcialmente abiertas del aula de seminarios, se oía la atronadora música salsa de la radio de un coche, ahogando su voz, ya frágil, mientras explicaba su tesis. Por razones que solo ahora me resultan claras, en aquel momento tuve un repentino antojo de la apetitosa comida mexicana que mi familia y yo solíamos comer cuando era niña, servida en modestos restaurantes en las afueras de Chicago. Y empecé a preguntarme si no estaríamos disfrutando demasiado poco de la llamada *comida étnica* en relación con nuestro propio deseo no solo de tolerar la diversidad, sino de abrazarla. Es decir: por nuestro propio bien.

Raza, etnicidad, religión, inmigración, género..., diversidad en todas sus permutaciones: tales son algunas de las diferencias aparentemente más marcadas por las que nos hallamos divididos, o imaginamos estarlo, luchando por unos recursos escasos. Vivir bien en y con diversidad tiene que ver con un derecho en particular, la igualdad, y con lo que el politólogo Michael Walzer ha denominado «regímenes de tolerancia», esto es, los órdenes políticos apropiados para gestionar toda esa diversidad y diferencia e intentar poner en práctica la idea de que todos somos iguales.[1] Este es y ha sido siempre un tema de crucial importancia en la vida social, y uno de los más controvertidos y problemáticos, en todo el mundo. Siempre ha estado presente y se ha gestionado mediante la ley. Sin duda, muchos estarían de acuerdo en que la ley ha brindado importantes obstáculos a la desigualdad de trato, abriendo el matrimonio a las parejas no heterosexuales, revirtiendo la segregación, otorgando a las mujeres el derecho al voto, despenalizando la homosexualidad..., y la lista continúa. Pero lo que resulta casi indiscutible es que, si alguna vez la ley nos sirvió de ayuda en este aspecto, si nos ayudó a unirnos y a disfrutar de nuestra diversidad, fue solo después de que ciertos movimientos sociales presionaran con fuerza para lograr un cambio que revocara leyes anteriores que gestionaban mal la diferencia. Recuérdese en este contexto Black Lives Matter, el movimiento contra el *apartheid* o el #MeToo, así como las manifestaciones de los lunes en Leipzig, la marcha sobre Washington, el movimiento en favor del sufragio femenino, Ocupa Wall Street, la marcha de la sal, etcétera. En muchos de estos casos, la gente arrancó literalmente al Estado el derecho a ser tolerada y tratada con igualdad, y también en muchos de ellos se modificaron leyes problemáticas para dar paso a ese derecho a la igualdad tan arduamente conseguido.

Y aun así tenemos que preguntarnos: ¿ha ayudado de manera significativa la existencia de esas nuevas leyes —por ejemplo, las que prohíben la discriminación—, o bien el racismo, la homofobia y la misoginia han hallado otras formas de penetrar en nuestras vidas, en nuestros sistemas? Tomemos, por ejemplo, los convincentes argumentos e investigaciones que aporta la abogada estadounidense Michelle Alexander, especializada en la defensa de los derechos civiles, quien afirma que el encarcelamiento masivo, tal como ella lo define, equivale básicamente a una forma de control social racializado que guarda una sorprendente similitud con las leyes Jim Crow, las leyes que en el pasado propugnaron la segregación racial en el sur de Estados Unidos.[2]

¿La ley ha potenciado aquí nuestra diversidad o se ha limitado a eliminar algunos obstáculos y eso en el mejor de los casos? A pesar de la amplia legislación disponible, estos temas —inmigración, raza y género— figuran regularmente entre las principales preocupaciones de nuestros conciudadanos en las encuestas de opinión pública. En 2022, por ejemplo, y solo en las redes sociales, «las encuestas de Ipsos muestran que en el Reino Unido a más de cuatro de cada cinco adultos (el 84 %) les preocupa ver contenido nocivo, como racismo, misoginia, homofobia y contenidos que fomentan la tendencia a autolesionarse».[3] En Europa y Asia, en América y África, a todos nos inquieta la cuestión de a quién se incluye en el concepto de «nosotros». Nos preocupa evitar que lleguen a nuestros hijos mensajes disgregadores y dañinos. Pero no creo que sea aprobando más leyes por donde hay que empezar. Antes tenemos que aprender más unos de otros, de nuestras culturas y costumbres, y ¿qué mejor forma de hacerlo que a través de la cocina? El primer paso consiste en admitir que toda nuestra comida es «étnica», o bien ninguna lo es.

Las ricas cocinas que se pueden encontrar en cada una de nuestras democracias representan una importante ventana a nuestras diferencias culturales, a las propias diferencias que constituyen nuestra realidad. Obviamente, podemos tratar de ignorar o negar la complejidad de nuestras comunidades y permanecer en nuestros hogares sin aventurarnos nunca a salir. Podemos cerrarnos al otro. Nos resultaría fácil hacerlo porque las normas por las que nos regimos, las leyes, ya lo han hecho: han soslayado importantes diferencias de nuestras comunidades para forjar un orden único. Piense en las consignas en ese sentido que los ciudadanos de diferentes países oímos a todas horas: una nación bajo Dios, los valores británicos, la laicidad francesa, etcétera. Si seguimos confiando en la ley para que nos ayude en esta cuestión, para que nos ayude a comprender y aceptar las diferencias, esto es lo que probablemente obtendremos: o bien la partición de nuestras sociedades en lo que algunas élites creían que eran grupos viables, separados en estados distintos, como en la India y Pakistán, o en el seno de estos, como en Bélgica; o bien la fantasía de una ciudadanía homogénea, como en Francia o el Reino Unido.

El problema es que muchos de los llamados Estados nación, en todo el mundo, no se construyeron simplemente mediante esos órdenes legislativos artificiales, sino que primero se establecieron por la fuerza para que las leyes pudieran encajar luego de forma más uniforme en la cima. Las culturas y lenguas locales que existían desde hacía siglos se vieron arrinconadas al interior del hogar, lejos de la vida pública, para que los artífices de los estados pudieran construir entidades que tuvieran una sola lengua oficial y una única expresión cultural: la «alta cultura», como se dio en llamarla; una alta cultura que también informaba una ley superior, a la par que nacía de ella. La construcción del Estado, como sabemos por la historia, fue y sigue siendo un sangriento y conflictivo proceso de homogeneización, desde los inicios de la Francia moderna hasta la Indonesia actual. En ese tipo de régimen no podíamos saborear de hecho unos buenos tacos, puesto que ni siquiera sabíamos de su existencia. Puede que engulléramos los burritos de alubias de Taco Bell, que solo son una imitación industrializada, pero solo nos lo permitíamos porque constituían una fantasía sin el menor riesgo, una forma cobarde de satisfacer nuestra curiosidad y nuestro interés por el vecino prohibido.

Ernest Gellner fue uno de los primeros politólogos que pensaron en ello y nos alertaron sobre los problemas de la convivencia de múltiples naciones bajo un Estado forjado artificialmente. Una lengua, un sistema escolar y —como decía Gellner— una alta cultura:[4] esos eran, y siguen siendo, constructos. De hecho, muchos de los problemas que hemos presenciado en casi todas las democracias modernas, desde Estados Unidos y Canadá hasta España, pero también en África y Oriente Próximo, tienen que ver con la existencia de tensiones entre diversos subgrupos: entre gentes, en plural, de distintas religiones, culturas y razas, apretujadas en una única lata de sardinas, sellada con una única constitución.

Irak ofrece un ejemplo revelador de lo que representa un Estado nación forzado. Las leyes impuestas por el mandato británico no parecieron sino alimentar la ira y el resentimiento entre grupos que desde entonces han desgarrado el Estado hasta las costuras. Cuando me senté con sendas delegaciones de kurdos e iraquíes en una mesa redonda celebrada en Bagdad en 2009, intentando ayudarlos a diseñar unas normas de distribución de ingresos en las que todos pudieran ponerse de acuerdo, constaté hasta qué punto era profundo el legado de su animosidad mutua. Los kurdos insistían en que ellos merecían una parte del petróleo y del gas mayor que el resto del país: no solo porque se encontraban en sus tierras, ni porque su extracción destruía esas tierras y un día les dejaría un suelo infértil, sino porque lo veían como una reparación, una forma de compensar la represión que habían sufrido por parte de otros, incluidos los británicos, al verse obligados a convivir bajo un mismo conjunto de leyes pese a sus nítidas y marcadas diferencias culturales y de otro tipo.

El orden creado por los artífices de los estados y consolidado en sus constituciones parece estable. Ciertamente lo es sobre el papel y en su adhesión a la letra de la arquitectura constitucional de dichos estados. Pero, como podría decirnos cualquiera que haya perdido a un pariente por una bomba en un atentado separatista en Belfast, Madrid o Basora, puede que en términos generales sea un orden estable, pero no es bueno. Las leyes que exigen que las personas se lleven bien, o incluso que vivan separadas, no pueden lograr su objetivo si antes no aceptamos la idea de llevarnos bien, por no hablar de adoptarla.

Una tarde de 1996 me dirigí a un quiosco que había cerca de mi pequeño apartamento de alquiler en París para hacerme con un ejemplar de *Le Monde*, un diario que tradicionalmente se publica en torno a la hora de comer. Ese día, la portada anunciaba la muerte del padre de mi amiga Carmen. El catedrático de Derecho Francisco Tomás y Valiente, miembro del Tribunal Constitucional español, había sido asesinado por la organización terrorista ETA. El profesor Tomás y Valiente, que recibió dos disparos en la cabeza cuando estaba en su despacho en la universidad donde había ejercido la docencia durante décadas, había criticado abiertamente la negociación del Estado español con la banda terrorista. Pero, irónicamente, como intelectual también advirtió, a través de los medios, que la ley no significa nada sin buena voluntad y que en España sencillamente faltaba esa buena voluntad, necesaria para que la democracia funcione. Firme creyente en lo colectivo, advirtió asimismo que debía procederse de forma gradual en lo referente a la autonomía de determinadas comunidades del país, respetando el hecho de que otras comunidades podrían no estar dispuestas a aceptar el nuevo orden y, al mismo tiempo, necesitaban entender por qué su autonomía en ciertas áreas clave era tan importante para ellas. En resumen, hacía un llamamiento a la comprensión mutua, a la buena voluntad de todas las partes. Y pese a su extraordinaria constitución, un documento imitado y a menudo considerado digno de importación en todo el mundo para las democracias multiétnicas, un documento destinado a apaciguar diferencias y mantener a diversas naciones unidas bajo un mismo techo, él creía que esa buena voluntad simplemente no existía aún.

Tampoco es que funcionen mejor las llamadas *leyes de partición*, leyes diseñadas para ayudar a restablecer el orden en lugares donde había estallado un violento conflicto étnico. Durante décadas, los artífices y teóricos de la partición creyeron que separar a los grupos en enclaves demográficos era la respuesta para lograr una ley y un orden estables. Pero ¿es eso cierto? Nicholas Sambanis, director del Laboratorio de Identidad y Conflicto de la Universidad de Pensilvania, ha dedicado buena parte de su carrera profesional a intentar averiguarlo. Utilizando métodos de investigación de vanguardia y trabajando con equipos de estudiosos de todos los países, ha determinado que, por término medio, «la partición no reduce de manera significativa la probabilidad de que se produzcan nuevos actos de violencia».[5] En su lugar —concluye—, es más importante establecer lo que él denomina sistemas de gobierno creíbles y equitativos. Por desgracia, la credibilidad y la equidad no constituyen aún un rasgo característico de la mayoría de los gobiernos, por no hablar de los que ejercen sus funciones en estados extremadamente divididos. Lo cual nos lleva de nuevo al trabajo preliminar que podemos y debemos hacer por nosotros mismos.

Esta forma particular de virtud cívica y buena voluntad hacia el otro, concretamente hacia alguien que es migrante, por ejemplo, y cocina el arroz de forma diferente a la mía, o que viene del otro lado de la frontera regional y tiene una lengua materna distinta de la mía, siempre ha constituido uno de los obstáculos más problemáticos en países como Estados Unidos, Francia o el Reino Unido, donde las distintas oleadas de inmigración han reunido a un mosaico de pueblos diversos en un mismo espacio físico.

Nos cuesta compartir, pero sobre todo nos cuesta hacerlo con quienes son visiblemente distintos de nosotros, quizá porque nos sentimos amenazados por la posibilidad de que los «otros» diluyan nuestra propia cultura, cuestionen nuestros dioses, usurpen nuestro territorio o simplemente alteren lo que consideramos que es la base de nuestra identidad. A menudo, esa idea se basa en arraigados mitos que podrían ser útiles para la cohesión del grupo, pero que proporcionan una razón demasiado fácil para la exclusión. Allí donde se ha aplicado la ley, se ha utilizado sobre todo para establecer espacios separados para los diferentes grupos: ya sea mediante la segregación; ya mediante el federalismo, que brinda la separación territorial de los pueblos; ya mediante exenciones legales para ciertos grupos que sencillamente se consideran demasiado distintos del resto, como es el caso de la comunidad *amish* en Estados Unidos. Pero ninguna línea divisoria, ningún muro ni frontera, ninguna transferencia de poder sustituirá lo que hace falta de veras: nuestro interés mutuo en aquellos miembros del conjunto de nuestra comunidad que son significativamente distintos de nosotros de un modo u otro.

La cuestión del género forma parte de este marco. Y añade otra capa de complejidad a la raza y la etnicidad. La película *Thelma y Louise*, una historia sobre dos amigas que huyen a México después de que una de ellas haya matado a un hombre que casi consigue violarla, se convirtió en una especie de manifiesto para muchas mujeres en la década de 1990, así como para otras que se sentían frustradas por las restricciones de la ley, no porque quisieran infringirla, sino porque querían que la ley las protegiera, y se encontraron, en cambio, con que, en gran parte por ser quienes eran —mujeres—, en realidad actuaba en su contra. Escribiendo sobre el filme en cuestión, la profesora Martha Minow, antigua decana de la Facultad de Derecho de Harvard, y la catedrática de Filosofía Elizabeth V. Spelman comparaban la frustración de Thelma y Louise con la de los varones no blancos, no para difuminar los importantes matices y diferencias de las situaciones que afrontan unas y otros, sino para ilustrar algunas de sus similitudes. Porque, como señalan, «el "noble" forajido es un personaje extrañamente venerado, vagamente asociado en el folclore de Estados Unidos al Oeste y a diversas ideas románticas sobre el desarrollo personal y la libertad. El noble forajido paradigmático es un varón en el que la infracción de la ley puede entenderse en cierto sentido como algo virtuoso».[6] La cultura estadounidense no permite imaginar otra cosa que no sea un varón blanco ocupando esa estimada posición del noble forajido. El afroamericano, el estadounidense de origen mexicano o asiático, la mujer..., cuando infringen la ley para hacer algo que juzgan virtuoso, o correcto, no solo aparecen en cambio como «ciudadanos desviados», sino como «desviados» a secas; problemáticos antes que nobles. El propio folclore, la conciencia colectiva, no permite cruzar tales líneas divisorias. Es ese otro —negro, blanco, mulato, mujer o transexual—, el que no es como nosotros independientemente de cómo lo definamos, el que necesitamos aceptar y abrazar; y, sin embargo, resulta que, de hecho, la ley parece fallar más a esas personas en concreto. Recientemente, un grupo de expertos del Reino Unido han estado entrevistando a más de trescientos profesionales del derecho para preguntarles sobre la parcialidad en la judicatura. En 2022, el 95% de los entrevistados afirmaban que el sesgo racial influía en mayor o menor medida en los procesos o los resultados del sistema judicial, mientras que un 29% afirmaban que desempeñaba un «papel fundamental» en ellos.[7]

No creo que solo por comer más comida «étnica» vayamos a lograr la tolerancia y la virtud cívica. Se trata de algo simbólico, un puente y un comienzo para ver al «otro» como alguien interesante e igual a nosotros. La comida es algo que debe compartirse, y las ricas cocinas «étnicas» están a nuestra disposición en ese aspecto, forman parte de lo que somos. Y, sin embargo, aunque podamos disfrutar de la comida de una cultura distinta, ello no implica necesariamente que queramos ir más allá y pasar a acoger esa cultura en nuestras vidas o aceptarla como parte de lo que somos. Así que tenemos que empezar por algún sitio, y pronto. La inmigración es uno de los temas que más dividen a los ciudadanos de muchos países y suscita serias preocupaciones sobre las fronteras; ocurre en Estados Unidos, Canadá, Italia, Alemania, Francia..., de hecho, en casi todas partes.[8] A todos nos preocupa nuestra seguridad, ver que otros llegan a nuestras tierras, y a algunos les preocupa especialmente que otros «diluyan» nuestra cultura o nos quiten los puestos de trabajo y las plazas escolares que tanto esfuerzo nos ha costado conseguir.

La buena comida puede ser la cura: un tipo distinto de caldo de pollo para combatir esa dolencia tan compleja y controvertida. Cuando daba clase en Oxford —esa antigua ciudad universitaria que todavía conserva bastante de su carácter británico—, les pedía a mis alumnos de primer curso de posgrado que se aventuraran un poco hacia el este y fotografiaran una charcutería concreta de Cowley Road. Esta calle, con su límite de velocidad de 30 kilómetros por hora, es un auténtico bastión de la diversidad étnica y económica, cuyos residentes abarcan desde arraigados profesores del All Souls College hasta refugiados sirios recién llegados. En el tiempo que se tarda en recorrer la calle se puede encontrar casi de todo, ya sea una carnicería halal, una *mikve* o una peluquería donde arreglarse las rastas.[9]

Mis alumnos volvían con unas cuantas fotos, un excelente *baklava* y un montón de preguntas, principalmente relacionadas con ellos mismos: acerca de quiénes son y lo que es actualmente el Reino Unido; acerca de cómo se relacionan con el prójimo y abordan su investigación; acerca de cómo dar sentido al Brexit; etcétera.

Como estudiosa cuyo trabajo me ha llevado por todo el mundo para involucrarme críticamente en las leyes y los fundamentos jurídicos de otros países, creo firmemente que el mejor modo de comprender las diversas identidades es saboreando, experimentando visceralmente, al otro, y no solo un fantástico sucedáneo suyo. Es una forma de empezar a apreciarnos a nosotros mismos y apreciar nuestra rica complejidad. Estoy segura de que Sam Huntington, el brillante colega del que tanto aprendí y que también apreciaba la buena comida y la buena cultura, habría estado plenamente de acuerdo. Quizá no sea un hecho casual que, cuando dejé Irak, los jeques con los que colaboré estrechamente en su Comité de Revisión Constitucional y mi traductor iraquí me hicieran sendos regalos muy preciados para mí: una caja de dátiles locales y una bolsa de limas de Basora. Ambos representaban una invitación a sus respectivas culturas, una forma de compartir el pan salvando nuestras numerosas diferencias.

Esta voluntad de compartir ciertamente da sus frutos. Francia, antaño un imperio que se extendía desde África hasta Asia y Sudamérica, ha acogido en su relativamente pequeña metrópoli a una gran cantidad de pueblos de variadas razas y culturas. Esta mezcla no siempre ha sido pacífica. De hecho, algunos de los peores disturbios de las últimas décadas se han producido justamente en suelo francés, donde las personas de color se han sentido marginadas por los gobiernos y los proyectos de integración han fracasado, mientras la pobreza causaba estragos y los extremistas islámicos aprovechaban el descontento para alimentar más violencia y división. Sin embargo, incluso aquí, en el que podría ser uno de los fracasos más sonados de un crisol de razas y culturas en el mundo desarrollado, ha habido éxitos locales.

A mediados de la década de 1990, la prensa local describía los barrios periféricos situados a un corto trayecto en tren de la Torre Eiffel como lugares sin alma y carentes de una comunidad propiamente dicha, lugares donde pasaban sus días una serie de pequeños grupos de extraños sin más conexión entre sí que su desesperación.

Así es como la historiadora socialista Françoise Gaspard describía el municipio de Dreux, su ciudad natal, de la que también fue alcaldesa. La delincuencia proliferaba en esta población y, con razón o sin ella, se culpaba en gran medida a los jóvenes procedentes del norte de África. Aquí, el Frente Nacional liderado por Le Pen tenía un enorme arraigo entre los residentes autóctonos blancos y de edad más avanzada, puesto que era uno de los pocos partidos políticos que abordaban de forma directa la cuestión de la raza y la inmigración, que, sin duda, constituía el principal problema de este municipio concreto.

Miro Rizvic gestionaba una pequeña tienda en Dreux y luchaba a duras penas por mantener el negocio frente a la pequeña delincuencia que se llevaba los beneficios de su patrón. Pero un día, dándole vueltas al problema, encontró una solución innovadora: «Contrato a gente de aquí —explicaba—; un marroquí para las verduras, un tunecino para las conservas y un turco para la caja registradora. Así, ellos conocen a casi todos los que entran. Es mejor que contratar guardias de seguridad».[10]

Rizvic, él mismo nacionalizado francés desde hacía poco tiempo, había emigrado de Bosnia unos veinte años antes. Instintivamente, quizá, comprendía qué se requería para poder cooperar superando las diferencias étnicas. Había encontrado una forma de buen orden que, de hecho, constituye la base de la cooperación en comunidades diversas de todo el mundo. Los politólogos como James Fearon y David Laitin han dedicado su carrera profesional a estudiar este tipo de cooperación, y es justamente de ellos de quienes tomo el ejemplo de Rizvic. Colaborar superando diferencias potencialmente disgregadoras no solo «está bien», sino que resulta crucial para que la comunidad funcione y prospere el buen orden.[11]

También es crucial para el desarrollo. Los sociólogos llevan largo tiempo preguntándose por qué distintas regiones de un mismo país pueden exhibir tanta variación en términos de desarrollo económico y social. Países como Italia, pero también otros como la India y Brasil, vastos territorios situados en lo que solíamos denominar de forma un tanto curiosa el Tercer Mundo, antiguas colonias con arraigados legados de subdesarrollo alimentados tanto por los colonizadores como por las corporaciones multinacionales extranjeras, han mostrado, pese a los numerosos retos que han debido afrontar, la existencia de notables bolsas de «buena gobernanza» dentro de unas fronteras nacionales por lo demás extremadamente complejas y económicamente problemáticas. Pero, como decimos, se trata solo de «bolsas», y quienes las han estudiado nos han alertado sobre el hecho de que en su mayor parte esa «buena gobernanza» no tenía que ver en absoluto con los gobernantes, sino con los gobernados; con las cualidades de los propios ciudadanos y su voluntad de interactuar con el Estado y colaborar unos con otros.

Una de las primeras estudiosas que exploraron esa variación regional en Brasil fue la difunta Judith Tendler, economista del MIT.[12] Más recientemente, Prerna Singh, politóloga de la Universidad Brown, estudió un patrón similar en la India. Singh descubrió que, aunque el analfabetismo y la mala salud, la malnutrición y la delincuencia proliferaban en muchas regiones, en la India existían esas bolsas excepcionales en las que los ciudadanos obtenían mejores bienes públicos, contaban con mejores escuelas y atención sanitaria, disfrutaban de mayores tasas de alfabetización, vivían mejor y más tiempo, etcétera. El factor clave que Singh identificó aquí era la solidaridad: un marcado sentimiento compartido de pertenencia a una comunidad. Esta solidaridad, este reconocimiento del otro y de su semejanza, aumentaba las posibilidades de que los individuos de la comunidad colaboraran con las élites regionales para presionar en favor de una mayor inversión en las áreas que consideraban más necesarias para cuidar de aquella subunidad geográfica, su comunidad, y estas tendían a ser la salud y la educación.[13]

La pregunta es, pues: ¿cómo logramos que se dé esa solidaridad, esa cooperación, incluso entre grupos distintos, por encima de las diferencias étnicas y raciales, así como de las divisiones políticas? ¿Cómo conseguimos que jóvenes y mayores aúnen esfuerzos en un proyecto comunitario sin reñir acerca de qué grupo está mejor capacitado para asesorar y liderar? ¿Cómo fomentar, pues, la solidaridad? Una posible respuesta podría estar en las conchas de los cangrejos ermitaños.

Hay un documental de David Attenborough en el que aparecen unos cangrejos de aspecto divertido arrastrándose por la playa con torpes movimientos, casi como si estuvieran de resaca tras una noche de juerga. Mientras los vemos chocar y tropezar unos con otros, Attenborough explica que los cangrejos ermitaños dependen en gran medida de sus conchas para protegerse y que cuando están desnudos son vulnerables a casi todo, desde los depredadores hasta la luz del sol. Pero cuando crecen, obviamente, sus conchas no crecen con ellos, por lo que se ven obligados a desechar sus viejas conchas y encontrar otras nuevas que se adapten a sus cuerpos ahora más maduros. Como los adolescentes a los que enseguida se les quedan pequeños los vaqueros, aprovechan la menor oportunidad para ir de compras, solo que, en su caso, a diferencia de los adolescentes, ir de compras es una cuestión de vida o muerte. ¿Qué ocurre entonces? ¿Actúan los cangrejos ermitaños como las multitudinarias aglomeraciones que en época de rebajas observamos en todas partes, desde Río de Janeiro hasta Oakland, donde los compradores se agolpan delante de las tiendas mucho antes de que abran y acaban rompiendo los goznes de las puertas y atropellando al personal para hacerse con las mejores gangas? Pues no, en absoluto. Lejos de ello, estos animales suelen organizarse de una forma mucho más interesante y cooperativa: en lo que algunos estudiosos han llamado «el mercado inmobiliario de la naturaleza», aunque aparentemente sin los trucos, sobornos ni patologías que se encuentran en la versión humana de tales intercambios mercantiles.

El biólogo Mark Laidre, de New Hampshire, que ha estudiado a estos fascinantes animales, explica que la absoluta necesidad que tienen de disponer de conchas tiene el potencial de generar un conflicto extremo, pero, en realidad, da lugar a una elegante cooperación. Lo que resulta aún más interesante para nosotros es que, a diferencia de muchas otras formas de cooperación, esta no se deriva de vínculos de parentesco. Debido a una «etapa de dispersión planctónica» en el océano, los cangrejos se separan de sus parientes antes de llegar a tierra, lo que significa que tienen que cooperar con los que no lo son: ya no es la familia la que importa y la que te ayuda. Lo hacen formando coaliciones, y las coaliciones que tienden a ser más estables son aquellas en las que trabajan juntos los cangrejos más pequeños y los más grandes.[14]

Existe un creciente interés por la ecología y la evolución de estas redes cooperativas, especialmente las que van más allá del parentesco, y se están encontrando pruebas de que también las hormigas y otras criaturas practican este tipo de cooperación que trasciende sus vínculos de parentesco y, a veces, incluso su propia especie. No estamos hablando aquí de altruismo, la situación en la que unos individuos extraños acuden al rescate de otro necesitado de ayuda. De hecho, no toda cooperación es desinteresada. Proviene más bien de una necesidad básica que todos compartimos como organismos vivos: la necesidad de sobrevivir. Y cuando nos damos cuenta de que, para satisfacer esa necesidad, debemos cooperar y cuidar de otros seres vivos que no son necesariamente miembros de nuestra familia, de nuestra raza o siquiera de nuestra especie, es cuando se produce esa forma única de cooperación: un tipo de cooperación que, como señalan los científicos como Laidre, resulta en realidad bastante sólida y estable.

Obviamente, hay una razón para cooperar que, por lo que sabemos, es exclusiva de los humanos y no está motivada simplemente por la supervivencia u otro posible beneficio o por la necesidad de obtener algo a cambio. Por decirlo de forma muy sucinta: cooperamos más allá de nuestras diferencias porque es lo correcto, lo «justo», lo que contribuye a la dignidad humana e incluso la maximiza. Esta idea, la de que la dignidad humana debería ser quizá el factor motivador más importante para nosotros en el transcurso de nuestra vida, reviste tal importancia que, tras la Segunda Guerra Mundial —como ya hemos mencionado antes—, los alemanes la grabaron en la norma que constituiría los nuevos cimientos de su nación, su Ley Fundamental. Tras haber presenciado el absoluto desprecio por la vida humana que marcó el Holocausto, los legisladores reaccionaron convirtiéndolo en el valor supremo de su estructura política de posguerra. El artículo 1 de la Ley Fundamental de la República Federal de Alemania empieza diciendo: «La dignidad humana es inviolable». Obviamente, hablamos de una ley y, aunque sea una ley suprema, debo admitir que soy escéptica respecto a cualquier ley. Pero la clave no reside en fijarse en este concepto como algo meramente incorporado a un texto legal, sino en constatar su presencia en la esfera cotidiana, no a escala nacional, sino en lugares descentralizados, donde diversos individuos situados en distintos lados de alguna prominente línea divisoria han aunado fuerzas para cooperar, no a causa de un desastre natural, no en beneficio mutuo, sino, esta vez, porque era lo correcto.

Al igual que las facciones enfrentadas en el *Brooklyn* de Spike Lee, hay ejemplos de individuos que, de hecho, hacen lo correcto simplemente en aras de la dignidad humana: soldados de la

Primera y la Segunda Guerra Mundial que no dispararon cuando se les ordenó hacerlo; alemanes cristianos y ciudadanos neerlandeses y franceses que apoyaron a los judíos dándoles cobijo, ayudándolos a escapar de los nazis y arriesgando su propia vida repetidamente durante un largo periodo de tiempo; rusos que se enfrentan a su gobierno, arriesgándose a ir a la cárcel o algo peor para denunciar a Putin y su guerra en Ucrania... Y todo ello no por su propio beneficio, sino por su propia humanidad.

Pero no necesitamos ejemplos de extrema violencia para constatarlo. Podemos ver la humanidad de la persona que tenemos ante nosotros, independientemente de su sexo, color de piel o preferencia sexual. Podemos tolerar aquello que resulta ser distinto si somos conscientes de que estamos unidos en nuestra humanidad. Entonces podemos apreciar nuestras diferencias, porque vemos que, como la «comida étnica», en realidad hacen interesante nuestra comunidad. Y así podemos hacer lo correcto.

Si, como individuos, aceptamos la dignidad de todos, ¿cómo es que, pese a ello, nos quedamos atrapados en nuestros propios enclaves homogéneos, sin entender por qué, cuando nosotros no nos oponemos a la diversidad, parece que, no obstante, acabamos en un lugar que sí lo hace... y que no está dispuesto a hacer lo correcto? El economista y premio nobel Thomas Schelling trató de entender eso mismo hace ya muchas décadas. Quería saber, por ejemplo, por qué personas que no se identifican como racistas acaban, sin embargo, en barrios segregados. Estudió a individuos que solo expresaban una ligera resistencia a estar en un barrio racialmente mixto, que se sentían cómodos mientras tuvieran a un vecino que se pareciera a ellos; pero constató que, pese a ello, el resultado colectivo era que esas personas a menudo acababan viviendo en un barrio estrictamente segregado.[15] Lamentando el hecho de que con frecuencia los barrios terminaran estando tan segregados por elección aunque la mayoría de la gente prefiriera cierto grado de integración, se propuso averiguar, utilizando su punto fuerte —la elaboración de modelos matemáticos—, qué se podía hacer al respecto. Su conclusión no difiere de lo que la mayoría de los teóricos han reclamado durante décadas: más tolerancia. Schelling hablaba de «esquemas de tolerancia», es decir, los límites de cuánto toleraría un determinado grupo (raza, género, colectivo religioso...) la presencia cercana del «otro» grupo. Aumentar dichos límites, esa tolerancia del otro, daba lugar a los barrios mixtos que la mayoría prefería. La dinámica matemática de la colectividad implica que hay que aumentar la tolerancia lo suficiente para alcanzar ese umbral. Por supuesto, eso es más fácil decirlo que hacerlo; pero es otra forma de afirmar que, como individuos, hemos de tratar de comprendernos y apreciarnos más unos a otros, aunque solo sea un poquito, para que juntos, colectivamente, consigamos un vecindario mucho más inclusivo.

¿Y por qué no podemos dejar que la ley se ocupe de todo eso? Bueno, para empezar, tales leyes serán cuestionadas por quienes más salen perdiendo con ellas. Y, en segundo término, lo que nos interesa no es solo el resultado, sino el proceso. Sé que esto puede sonar al manido tópico de que «lo que importa es el camino», pero basta con echar un vistazo a otra cuestión relacionada con el tema como es la lucha contra la segregación en Estados Unidos. Muchos creyeron que ciertos procesos judiciales históricos, como el conocido caso de Brown contra la Junta de Educación, ayudaban a conseguir un cambio positivo para los derechos de los afroamericanos. Muchos creyeron que el caso Brown ponía fin a la segregación racial en las escuelas estadounidenses y sentaba las bases para que los ciudadanos tuvieran más oportunidades sin distinción de raza e independientemente del color de su piel. Pero esa no es necesariamente toda la historia. Aunque pensemos de hecho que la de Brown fue una sentencia importante en favor de los derechos civiles, que aquí la ley funcionó, en realidad no ayudó exactamente de forma tan positiva y constructiva como podríamos creer. Se abolió la segregación, es cierto; pero de ello no derivó de forma automática la legislación habilitadora que ayudaría, de hecho, a que personas de diferentes razas prosperaran en sus entornos educativos. Porque aun cuando la ley funciona, se queda corta. Puede que elimine obstáculos, pero no proporciona necesariamente incentivos para el tipo de compromiso que queremos y necesitamos para avanzar. Ese trabajo depende de nosotros.

En un importante experimento ideado por Jack Balkin en la Facultad de Derecho de Yale, se pidió a varios profesores de Derecho Constitucional y Teoría Jurídica muy respetados que reescribieran dictámenes para el caso Brown en un ejercicio hipotético. La formidable académica Catharine MacKinnon afirmó en su dictamen que «el riesgo que corremos hoy en día no es el de ir demasiado lejos y demasiado rápido, como temen los demandados, sino el de ir demasiado despacio y no lo bastante lejos».[16] Esperar a que la ley nos haga el trabajo forma parte de todo el problema y, cuando esta cambia, lo hace de forma lenta, gradual y no siempre en la dirección que sabemos mejor para lograr una solución cooperativa de nuestros problemas.

Pero aquí se trata de algo más que de rectificar el ritmo de la compulsión legal. Más convincente resulta la hipotética opinión discrepante que presentó en este ejercicio el no menos formidable Derrick Bell, el primer afroamericano nombrado profesor titular de la Facultad de Derecho de Harvard. Escribe Bell: «Discrepo hoy de la decisión de la mayoría en estos casos porque la detestable segregación en las escuelas públicas que la mayoría considera inconstitucional es una manifestación del mal del racismo, cuya profundidad y omnipresencia este Tribunal ni siquiera reconoce y mucho menos aborda ni intenta corregir». De hecho, termina diciendo: «Los negros, que pese a todo son quizá los ciudadanos más fieles de la nación, merecen algo mejor».[17]

Pero la ley no puede corregir ni siquiera eso. Somos nosotros quienes debemos hacerlo. Y podemos empezar compartiendo regularmente unos con otros «comida étnica», auténtica comida casera elaborada por las numerosas culturas que integran nuestras comunidades. Adelante, pues: disfrutemos de la diversidad que somos, de nuestras razas humanas, y tal vez podamos empezar a comprender de veras lo parecidos que somos todos.

Capítulo 7

INCULCAR TODO ESTO DESDE TEMPRANA EDAD, EN TORNO A LOS TRES AÑOS

Cuando era estudiante universitaria, recuerdo haber aprendido algo sobre la educación, o la falta de ella, durante un tenso periodo de exámenes finales. Fatigada por otra noche en vela intentando escribir una maravilla al primer intento y desesperada por haberme pasado un poco de la hora límite de entrega de las cinco de la tarde y encontrarme cerrada la puerta de la sala de profesores, se me ocurrió una novedosa solución: entregar mi trabajo de investigación a domicilio. Tras recurrir a la ayuda de mi entusiasta amiga Valery y su pareja, que tenían coche, nos subimos al vehículo en cuestión, un Ford Fiesta de cambio manual, y recorrimos unas cuantas manzanas en dirección oeste, hasta la residencia de mi profesor en un tranquilo barrio periférico de Chicago. Mientras Valery y su pareja cruzaban a pie una sucesión de cuidados jardines buscando la dirección correcta, yo permanecí tumbada en el asiento trasero del coche, avergonzada de mostrar el estado de abandono en el que me había sumido mientras terminaba aquel trabajo. Pero cuando al cabo de un rato vi que mis amigos no regresaban, alcé la cabeza como quien se asoma por una trinchera, para ver cómo, en la penumbra de las primeras horas de la noche, las luces de los porches se iban encendiendo como luciérnagas sincronizadas. Uno tras otro, los vecinos encendían las luces de sus porches, observando aquella anodina entrega a domicilio de mi trabajo final. Pero ¿a santo de qué? Pues porque se trataba de un barrio blanco, de clase media y aparentemente culto. Caía la noche. Y mis amigos eran negros.

Si la ley no nos anima necesariamente a respetarnos unos a otros y a celebrar nuestras diferencias, si no basta para evitar una escena así, tenemos que preguntarnos qué lo hará. Y así la búsqueda de una verdadera ciudadanía termina justo donde debería empezar: con la educación. Una educación auténtica.

A Jean-Jacques Rousseau se lo conoce sobre todo por su obra sobre el contrato social, el acuerdo que todos habríamos forjado entre nosotros para establecer una autoridad que nos gobierne. Últimamente se habla mucho de la ruptura del contrato social; algunos de nuestros más destacados intelectuales señalan que, para empezar, en tales contratos sociales quedaban excluidos muchos pueblos,[1] y actualmente los estudiosos y expertos ofrecen formas de arreglarlo. Pero no es este el Rousseau en el que deberíamos centrarnos en este momento. Aunque su trabajo sobre la infancia es menos conocido, resulta crucial para entender cómo el pensador concebía de entrada el funcionamiento de un contrato social, ya que advertía contra el tipo de educación basada en instituciones y normas y, en su lugar, creía que la educación debía consistir en aprender a pensar por uno mismo y sobre el prójimo. Y, en su opinión, la clave para lograrlo residía en la solidaridad y la empatía. De hecho, la educación era tan importante en su teoría del contrato social que Rousseau afirmaba que este último solo podría funcionar si antes establecíamos un contrato apropiado con nuestros propios hijos.

Independientemente de que nuestros hijos tengan una inteligencia media, sean superdotados o tengan necesidades especiales, los datos nos revelan que los actuales sistemas educativos les están fallando, no los capacitan lo suficiente en habilidades básicas para la vida, como la lectura y la escritura, ni estimulan lo bastante sus mentes.[2] Quizá parte del problema resida en el hecho de que los sistemas educativos resultan todavía excesivamente victorianos, en el sentido de que muchas de las instituciones involucradas siguen basándose y centrándose en la autoridad y la jerarquía, a la par que en la exclusión, ya sea de forma directa o mediante planes de estudios obsoletos y sesgados, cuando en realidad deberían partir del propio niño: el niño capaz de autoorganizarse, que sabe instintivamente lo que quiere aprender; el niño que, como decía Maria Montessori, necesita un guía antes que una figura de autoridad, alguien que le ayude a gestionar su aprendizaje y su responsabilidad como ciudadano en una comunidad cada vez más diversa.

Me explicaré.

En la pequeña ciudad de Reggio Emilia, en el norte de Italia, un experimento relativo a la educación en la primera infancia, que hundía sus raíces en las teorías de Rousseau, se expandió hasta llegar a convertirse en un fenómeno global. Hoy, cada año, profesores de todo el mundo se desplazan hasta allí para estudiar los centros preescolares Reggio Emilia. Los proyectos de los centros los iniciaron un grupo de padres tras la Segunda Guerra Mundial, fruto de su colaboración con el consistorio de la ciudad. Actualmente son escuelas municipales, basadas en las necesidades del alumnado, que se financian mediante impuestos y contribuciones progresivas de las familias. Y tienen un carácter tan singular que en 1991 la revista *Newsweek* las clasificó entre las diez mejores escuelas del mundo. No está mal para tratarse de jardines de infancia.

Cuando uno entra en cualquiera de estas escuelas de Reggio Emilia, observa varias cosas que resultan deliberadamente distintas de los centros preescolares de otros países o incluso de los de otras partes de Italia. Para empezar, y lo que es más importante, se advierte la ubicación de un amplio y acogedor espacio común donde se pretende que los niños deambulen espontáneamente y se junten e interactúen a lo largo de la jornada escolar. Apropiadamente, se denomina a este espacio la *piazza*, la plaza. Los centros preescolares de Reggio Emilia han encarnado este concepto, la idea de la plaza y su papel de cara a alentar el encuentro mutuo, suscitando de forma deliberada la interacción espontánea entre los niños del centro. Como me decía un docente de una de las escuelas de Reggio: «Estamos formando ciudadanos y construyendo una comunidad, no somos un aparcamiento para los niños mientras sus padres trabajan».

Cuando mi hijo tenía tres años le ofrecieron una plaza en una de estas escuelas y fuimos a conocer al profesorado de su clase. Una tallerista formada en bellas artes nos recibió en la puerta y, mientras recorríamos el vasto espacio abierto del centro, nos fijamos en los niños que salían de la plaza. Un niño de corta edad ataviado con unos zapatos de tacón alto y una boa de plumas avanzó dando traspiés para inspeccionar a mi hijo, su nuevo colega. Sonriendo, él y otro compañero de juegos que también iba disfrazado nos saludaron y luego continuaron su importante labor creativa mientras nosotros reanudábamos nuestro recorrido por la escuela. Suelo comparar mentalmente ese recuerdo con el antiguo centro preescolar de mi hija en Oxford, un galardonado edificio arquitectónico que alberga una de las guarderías de la Universidad y que, pese a su impresionante construcción, carece de plaza. Al llegar, entras en un espacio reducido, que te desvía hacia un recodo. Las zonas están divididas por actividades. Es una hermosa estructura, con magníficos materiales naturales. Pero ¿qué hay del concepto de un espacio acogedor y abierto para que niños y padres se mezclen, se reúnan e interactúen? Ese elemento estaba ausente; y en tal contexto, el conocimiento común, la base fundamental para la cooperación, tampoco está presente.

Culturalmente, a ciertos países y sociedades se les da mejor que a otros hacer eso: crear los espacios públicos apropiados para favorecer el conocimiento común. Y en Reggio Emilia este concepto adquiere tal importancia, resulta tan crucial para la forma en que los italianos han concebido siempre sus propios espacios, que se lo inculcan a los niños ya desde los tres años. Existen, por supuesto, ejemplos similares de iniciativas pedagógicas de otros países. Pero lo llamativo y aparentemente único de Reggio Emilia es que estas escuelas están enraizadas en una cultura que hace siglos, y al menos durante un tiempo, creía en la idea de pensar en «el otro» y fomentaba la virtud cívica. Aun siendo un país cuyas leyes de tráfico se consideran a menudo sugerencias más que normas firmes, tras ser también el primero de Europa en sufrir la devastación de la covid-19, su población aunó fuerzas con rapidez y abrazó el aislamiento voluntario con humor y solidaridad. Quizá sea la experiencia con estos dos aspectos de la cultura italiana la que inspira, a la par que insufla una dosis de realismo, a los innumerables profesores que acuden de todo el mundo para asistir a talleres sobre el denominado *Enfoque Reggio Emilia*.

El camino que habremos de recorrer aquellos de nosotros cuyas culturas no están arraigadas en la comunidad y la amistad, sino en la libertad individual, sin duda será largo. Pero debemos empezar por algún sitio. Si logramos desarrollar nuestras personalidades de modo que seamos, siguiendo a Cicerón y al antiguo derecho romano, individuos de mentalidad cívica, nos liberaremos de las limitaciones de las leyes y las normas, no para sumirnos en un absoluto desorden, sino para dejar que surja un buen entendimiento social que permita que a las leyes y normas les quede menos trabajo que hacer. Debemos dejar de preocuparnos por si los niños chinos superan a los alemanes en las pruebas de rendimiento académico y, en su lugar, ayudar a nuestros hijos, ante todo, a interiorizar su sentido de pertenencia a la humanidad y actuar en consecuencia. Sobre todo en los primeros años.

Reformar la educación siempre será una ardua tarea, pues está gestionada por los gobiernos, se financia con el dinero de nuestros impuestos y constituye un elemento crucial del Estado moderno. Ocurre incluso con los propios centros de Reggio Emilia, que son iniciativas locales que se gestionan en régimen de colaboración con la Administración pública. No es que sean lujosas y exclusivas escuelas privadas, pero sí lujosas y exclusivas escuelas públicas, donde *exclusivo* hace referencia concretamente a la sofisticada concepción de la pedagogía y el desarrollo infantil que impregna el trabajo realizado por el profesorado de la escuela, y *lujoso*, a la rica variedad de materiales y proyectos disponibles para todo el alumnado. Así pues, reunir a la Administración local y la comunidad ciudadana en una pequeña mesa redonda para reflexionar acerca de lo que querían ofrecer a los jóvenes habitantes de Reggio hizo que surgiera el que se convertiría en un auténtico fenómeno pedagógico.

En las afueras de la población de Sudbury, en Massachusetts, se halla la sede de otro modelo educativo, la Escuela Sudbury Valley. Aquí, alumnos de tan solo cinco años y de hasta diecisiete comparten responsabilidades como iguales con el personal, ya que no hay jerarquías y nadie sigue ciegamente a los líderes. Fundado en 1968 como un modelo pedagógico basado en la democracia directa, actualmente hay docenas de estas escuelas repartidas por todo el mundo. Durante la pandemia mantuve una videoconferencia con una persona que se había graduado en una escuela de este tipo en Estados Unidos, que fue después a la universidad y ahora trabaja con ordenadores. Yo quería saber si el hecho de haber estudiado en un entorno educativo tan protector, tan distinto, como era el modelo de Sudbury le había dificultado luego su acceso al mundo «real».

«¡Buena pregunta! —respondió sin vacilar, de manera elocuente—. Imagino que eso podría pasar. Pero en realidad sentía que tenía ventaja.» Luego pasó a contarme que, tras su educación en Sudbury, cuando estaba en la universidad, no tenía el menor problema en pedir ayuda a sus compañeros de habitación o de clase cuando la necesitaba. Cuando no entendía algo, no se avergonzaba ni albergaba el deseo de fingir que lo entendía. No sentía el afán de competencia con el que muchos de nosotros crecemos, conscientes de que, si te califican en virtud de una curva estadística, echar una mano a tu compañero de clase no te ayudará necesariamente a obtener una nota mejor, por lo que se convierte en algo irracional. En cambio, este joven me dijo que sabía intuitivamente lo que tenía que hacer: dónde buscar, cómo aprender por sí mismo y cómo pedir sencillamente ayuda y consejo a sus compañeros, sin tener que apelar para nada a una figura de autoridad. Ese es el propósito de este tipo de educación: inculcar a los jóvenes ciudadanos, a quienes tendemos a ignorar o no vemos como tales, la confianza y la creencia en su propia capacidad, en sus propias aptitudes, y, a partir de ahí, la confianza y el respeto mutuos con sus compañeros.

También tuve ocasión de visitar una pequeña escuela libertaria en las afueras de Verona, en una ladera que domina un paisaje escalonado y se halla todo el día bañada por el sol. De manera similar a los anteriores, este experimento pretende construir una comunidad a través de una gestión democrática: todos los niños tienen voto en el orden del día y las decisiones se toman conjuntamente mediante la negociación. Dirigir una escuela de este modo resulta más difícil, puesto que se tarda más en hacer las cosas. Es un sistema desordenado, pero ese desorden representa una inversión en sí mismo. Recorrí el espacio con mis hijos pequeños, acompañados por la coordinadora y guía de la escuela. Cuando se acercaba la hora de comer, mi hijo se impacientó y su nivel de azúcar empezó a bajar. Nuestra guía, sin vacilar, preguntó al pequeño grupo de alumnos que habían traído sus fiambreras si cada uno de ellos estaría dispuesto a dar un poquito de su comida: juntos, sus pequeños donativos formarían una ración entera para mi hijo. Pequeñas donaciones, grandes gestos, resultados colectivos: he aquí una de las numerosas lecciones de la jornada que pueden aprenderse en esta escuela, impartida de forma espontánea y concreta, no en una pizarra en un aula. De forma similar a los movimientos de la denominada *educación a escala humana*, que intentan reducir el tamaño de las clases y de las escuelas, estos proyectos aspiran a dilucidar primero nuestra relación mutua y con el espacio que nos rodea y nuestra responsabilidad a la hora de fomentar esas relaciones. Esto se convierte en el fundamento para la construcción del conocimiento y también en la base para que las futuras generaciones de ciudadanos incorporen esa concepción de las relaciones en su fibra moral y no tengan que aprender todo esto por primera vez cuando son adultos. Más bien, es algo que interiorizarán muy pronto, independientemente de sus diferencias sociales y raciales, y que practicarán a menudo.

Este tipo de educación, y solo este, subraya nuestra obediencia civil a nosotros mismos y al prójimo, e impide que cualquier proyecto espontáneo dé lugar al tipo de grupos jerárquicos de control mental que tanto recuerdan a la década de 1970. No estamos creando cultos obedientes y autoritarios; estamos reconstruyendo la humanidad desde abajo, formando, uno a uno, a niños dotados de capacidad de reflexión.

Eso no equivale a ignorar el hecho de que queremos que los niños aprendan a leer y escribir, que conozcan datos sobre el mundo y entren en contacto con todas las fascinantes materias que alberga, desde la geografía hasta el arte, pasando por la física y la música. Como me señalaba con acierto James Handscombe, director ejecutivo de Harris Westminster Sixth Form, una selecta escuela secundaria que acepta alumnos de zonas socioeconómicamente deprimidas de Londres: las cualificaciones son importantes, y los alumnos desfavorecidos son los que tienen más probabilidades de carecer de ellas, o quizá de no haber desarrollado la afición al aprendizaje. «Tenemos que pensar detenidamente en cómo velamos por aquellos a quienes les resulta difícil estudiar, qué hacemos para enriquecer sus vidas, para mejorar su confianza, para prepararlos para el futuro».[3] Efectivamente, y por eso debemos plantar el germen de la comunidad, la empatía y la conexión a muy temprana edad, en los centros de preescolar y primaria, para que después las escuelas de secundaria puedan construir sobre esos cimientos, pero centrándose ahora en educar a los alumnos en las materias que necesitarán para sobrevivir y prosperar en este mundo nuestro cada vez más complejo.

¿Y eso resultará costoso? No en términos financieros: las escuelas de Reggio Emilia tienen sus raíces a finales de la década de 1860, en la pequeña aldea de Villa Guida, donde la gente vivía en la pobreza. Con el objetivo de dar a los niños un espacio físico y moral en el que crecer y comprender la comunidad, estas fueron uno de los primeros intentos de una educación ciudadana laica. Más tarde, cuando el fascismo se apoderó de Italia, las escuelas fueron clausuradas y así permanecieron hasta después de la guerra, cuando un grupo de padres resucitó la idea de un espacio moral laico e inició la construcción de un centro preescolar, edificándolo físicamente con ladrillos y mortero y con su propio trabajo, para los niños de la localidad.[4]

Reggio destaca y ha demostrado ser un modelo sostenible porque es uno de los pocos proyectos auténticamente inclusivos, dado que está financiado por la Administración local con una escala móvil de donaciones de las familias, y, como tal, constituye una alternativa educativa posibilitadora que no exige elevadas tasas de matrícula si los padres no pueden permitírselas. Además, al vincularse a la comunidad de múltiples maneras, Reggio hace que su proyecto sea más duradero y sostenible, con vinculaciones regresivas y progresivas. En una calle secundaria del centro de Reggio Emilia, no lejos de las numerosas heladerías artesanales que también hacen especial a esta ciudad, se encuentra Remida, un proyecto conjunto del municipio y de Iren, una empresa de servicios públicos.

Remida recoge, limpia y clasifica los productos desechados de unas doscientas empresas fabriles de toda la región. Luego los profesores de las escuelas de Reggio visitan diariamente el centro para elegir entre los materiales más destacados aquellos que los niños pueden utilizar en sus proyectos. Telas y pinturas, metales y plásticos, papel y trozos desechados de cables eléctricos, caucho..., los niños se benefician del vasto y diverso conjunto de materiales que tienen a su disposición prácticamente sin coste alguno para la escuela. Arraigada en la teoría formulada en la década de 1970 por el pintor y escultor británico Simon Nicholson, pero actualizada mediante la creación de un proceso de reciclaje que permite a la industria local donar materiales a Remida, la iniciativa posibilita un número infinito de configuraciones surgidas del ensamblaje de tales materias primas. El juego y el aprendizaje se convierten así en procesos sin fin, no en metas basadas en planes de estudios nacionales. Los niños crean su mundo, imparten su significado, y, al hacerlo, se empoderan porque no se les presenta simplemente algo que luego se les enseña a utilizar; se les dan trozos de nada y se los anima a encontrar algo en ellos. Y lo hacen. Así, desde los tres años, estos niños resuelven problemas a su manera, con su propia imaginación. ¿Qué mejor forma de prepararse para un futuro que les exigirá esa misma creatividad para solventar problemas reales, desde los que afectan al medio ambiente, pasando por los retos que plantea la exploración del espacio, hasta los nuevos virus y bacterias letales que inevitablemente surgirán?

Igualmente, importante es la conciencia que tienen esos niños, sus padres y la comunidad de que están reutilizando cosas, de que están convirtiendo de forma creativa materiales desechados en hermosas obras de arte, de que están contribuyendo a la sostenibilidad de nuestro mundo. En sus propias palabras, «Remida es un proyecto cultural de sostenibilidad, creatividad e investigación sobre materiales de desecho. Promueve la idea de que el desecho, lo imperfecto, es portador de un mensaje ético, capaz de suscitar reflexiones, de proponerse como recurso educativo, escapando así de la definición de inútil y de desperdicio».[5]

En lo que tenemos que pensar, pues, es en una forma de educación en la primera infancia que parta de estos ideales y valores: la comunidad; las identidades de quienes integran dicha comunidad, por compleja que sea; la sostenibilidad y la creatividad, y la celebración de lo imperfecto. Y eso nos lleva al siguiente aspecto importante de la educación.

En la década de 1980, tres adolescentes noruegos se quitaron la vida en una decisión que en general se atribuyó al grave acoso que sufrían por parte de sus compañeros. El Ministerio de Educación noruego reaccionó iniciando una campaña contra el acoso escolar. Dan Olweus, profesor de Psicología de la Universidad de Bergen, creía firmemente que el acoso escolar era un problema de derechos humanos e, inspirado por el destino de aquellos chicos y de otros como ellos, ideó la que sería una de las estrategias más eficaces para la prevención del acoso escolar que han existido nunca, y que se ha utilizado, evaluado y reproducido en escuelas de todo el mundo durante unos treinta y cinco años. El contrastado método de Olweus parte de cuatro principios básicos que, cuando se aplican en un entorno determinado, reducen drásticamente en él la cultura del acoso.[6]

El primer principio exige que los adultos de la escuela sean cordiales y muestren un interés positivo en los niños, que se impliquen de veras, los obsequien con sinceras sonrisas, les den palmaditas en la espalda y los elogien; a todos los niños, no solo a unos pocos, para crear un sentimiento de confianza con el grupo.

El segundo principio requiere establecer límites, dejar claro qué comportamiento es aceptable y cuál no lo es. El tercero consiste en implementar consecuencias coherentes, de carácter no hostil y de naturaleza no física, cuando se producen transgresiones. Y el cuarto requiere que los adultos actúen como modelos positivos; así pues, no deben comportarse ellos mismos como acosadores. Se trata de principios fundamentados en valores que debemos inculcar hoy en las escuelas para que después no tengamos acosadores en nuestras comunidades, sino ciudadanos empáticos dispuestos a cooperar.

Lo sorprendente de este programa es que, aunque su funcionamiento se basa en las estructuras de autoridad de la escuela y el aula, parece aspirar a intentar corregir aquello en lo que, por desgracia, se ha convertido la autoridad en muchas instituciones, incluidas las escuelas: una autoridad negativa, falta de interés, a veces violenta y agresiva ya sea por activa o por pasiva, a menudo egoísta y siempre controladora. Pero lo que resulta más fascinante del caso es que los principios fundamentales de este programa tremendamente eficaz contra el acoso escolar no se centran en primera instancia en los niños, sino en los adultos: en cómo lideramos y enseñamos a las generaciones futuras a través de los comportamientos y actitudes que les mostramos cada día. Y cuando se introduce a otros niños en el programa, se hace de forma que se los anime a ser espectadores responsables y activos. «Elogie a los espectadores con comentarios concretos sobre las cosas que han hecho para ayudar, aunque no hayan resultado eficaces», declara la guía de Olweus.[7] Eso es lo que debemos empezar a hacer si queremos evitar que nuestros hijos crezcan siendo los espectadores culpables antes descritos.

Otro pionero de la educación al que se menciona a menudo en los círculos pedagógicos alternativos es Vasili Sujomlinski, un maestro ucraniano que priorizaba el desarrollo moral del niño antes que la educación con fines utilitarios. Hay en las teorías de Sujomlinski, Malaguzzi y muchos educadores alternativos similares, así como en los diversos proyectos locales que han funcionado, entre ellos Reggio Emilia, pero también la escuela de Maria Montessori en Roma y la escuela rural de Sujomlinski en Ucrania, tres ideas comunes que podemos reproducir y adaptar fácilmente a nuestras peculiares necesidades culturales:

1. Educar a los más pequeños para que sean ciudadanos amables y reflexivos, no estudiantes centrados en aprobar exámenes.
2. Incluir e involucrar a todos.
3. Establecer vinculaciones progresivas y regresivas entre los niños y la comunidad, incluido el planeta.

Obviamente, las teorías de los mencionados pedagogos son más fértiles y ricas en matices que estos tres sencillos principios. Pero si nos fijamos en la mayoría de los centros educativos del mundo, llama la atención observar que pocos de ellos combinan estas ideas. Vea Vecchi es una artista que trabajó como una de las primeras talleristas en el centro preescolar Diana de Reggio Emilia. Una sofocante primavera italiana en la que asistí a un taller en el Centro Malaguzzi tuve ocasión de presenciar una conferencia suya. Vecchi, una mujer elegante y cortés que estuvo trabajando más de treinta años en el centro preescolar a la par que realizaba su propia labor artística, ha declarado en varios lugares que, durante décadas, la pedagogía de Reggio ha estado «basada en el trabajo diario de muchas mujeres, y atendida por mentes y manos femeninas».[8] Asimismo afirma que, si bien lamenta la clara deficiencia de colegas masculinos en la historia más reciente de las escuelas de Reggio, lo que sin embargo ha surgido allí a lo largo de todos estos años de tutela mayoritariamente femenina es una pedagogía también «femenina», es decir, «una educación basada en los valores de las relaciones, la empatía, la solidaridad, el cuidado de las cosas, la ternura y la cortesía; todos ellos rasgos que la psicología ha atribuido tradicionalmente al género femenino, pero que representan riqueza para todos».[9]

Me llamaron la atención varias de sus propuestas, y no pude evitar pensar en otra mujer de edad y estatura física similares que vive a unos cinco mil kilómetros de distancia de Vecchi, y con diferente formación y profesión, pero que quizá esté unida a ella, entre otras cosas, por su creencia en una filosofía «femenina». En un vídeo que suelo mostrar a mis alumnos, la filósofa del derecho Martha Nussbaum, paseando a orillas del lago Míchigan, cerca de la Universidad de Chicago, habla de algo muy similar: la importancia de reimaginar la esfera pública, y la sociedad civil en general, no en la línea de Hobbes, John Locke y la mayoría de los filósofos de la tradición occidental, todos ellos hombres blancos capaces, sino de otra forma distinta, como un espacio de diferencias, donde los cuerpos y las mentes no son iguales, donde unos son fuertes y otros débiles y donde el papel ideal del Estado podría ser en realidad el de una niñera: cuidar y educar, alimentar, incluir y entretener, en particular a los más vulnerables.[10] Ahora bien, un Estado niñera suele verse, en términos peyorativos, como aquel que se preocupa por si sus ciudadanos se ponen o no el cinturón de seguridad, ingieren demasiado azúcar, fuman, beben, toman alimentos que obstruyen las arterias, tienen comportamientos degradantes, etcétera, de modo que ese Estado legisla en consecuencia y afronta una resistencia pareja. Pero imaginemos, en su lugar, una ciudadanía niñera que actúe de manera acorde con las mentes y manos femeninas de Reggio Emilia y que, como sus centros preescolares, no sirva para controlar ni confinar en la jaula de hierro; un «Estado» que construyamos juntos para ayudar a empoderar y fomentar la solidaridad, la empatía, la cortesía y la ternura.

Pero la empatía y la solidaridad no solo se dan en el aula, ni tampoco su enseñanza. Para formar futuros ciudadanos necesitamos construir y reconcebir esas plazas que habitualmente conocemos como zonas de recreo y parques infantiles. El Gobierno austriaco, por ejemplo, dispone de datos que señalan que el 70% de las niñas a las que entrevistaron se sentían intimidadas a la hora de participar en actividades de recreo en las que había niños varones presentes.[11] Un tema en el que ni siquiera pensamos es de qué modo todas nuestras plazas públicas, incluidas las de juego infantil, están condicionadas por el género y quizá incluso resulten prohibitivas para las personas de color o, más en general, para todo el espectro de nuestros niños a los que quizá no pueda aplicarse exactamente el impreciso adjetivo de *medio*. ¿Cómo sería un espacio de juego neutro con respecto al género y el color de la piel, a la par que adaptado a los niños con discapacidad? ¿Y cómo podemos invitar a las Administraciones locales a entablar un diálogo con nosotros, con nuestros niños, en torno a lo que queremos y lo que necesitamos?

Esta perspectiva puede entrañar justamente eso: una tremenda oportunidad para que un arquitecto paisajista, un Ayuntamiento o un grupo de ciudadanos reflexionen colectivamente y la pongan en práctica. Y eso fue justamente lo que hizo Dinamarca en la década de 1930. El país asistía, como Alemania y la mayor parte de Europa, al surgimiento del fascismo. En aquel escenario de la Dinamarca de entreguerras, al menos un arquitecto paisajista empezó a pensar en formas de fomentar una actitud social liberal en la población para contrarrestar la creciente postura fascista, una actitud que pudiera reunir a las familias en espacios públicos, que permitiera a los moradores de las ciudades disfrutar de las zonas verdes que él juzgaba necesarias para la salud y el bienestar, pero que también aunara a la comunidad de mente liberal, tratando de fomentarla y ayudarla a prosperar. Tales espacios públicos ya existían en cierta medida en el campo, pero el contexto económico de la década de 1930 hacía que los habitantes de las ciudades tuvieran un menor acceso a ellos. Para Carl Theodor Sørensen, la cuestión era tan importante que propuso la creación de espacios urbanos que empezaran por dar cabida a los niños pequeños, sobre todo en las grandes ciudades, permitiéndoles disponer de un lugar donde relacionarse mutuamente e interactuar con la naturaleza, un espacio que tuviera en cuenta el género y la diversidad de edades y aptitudes, pero que lo hiciera de una forma que fomentara el crecimiento y potenciara a los niños. Una de esas propuestas fue el Cottageparken de Copenhague, cuya concepción se hallaba en consonancia con algunas de las voces más progresistas de la Europa de la época, de aquellos que luchaban contra la creciente marea del pensamiento iliberal, como la socióloga sueca y premio nobel Alva Myrdal, quien se lamentaba de que los centros preescolares de su país natal segregaran a los niños en lugar de unirlos: a las familias pobres con madres trabajadoras se les proporcionaban, en el mejor de los casos, centros de atención básica que carecían de cualquier innovación o estímulo pedagógico, mientras que las familias adineradas podían disponer de institutrices privadas o escuelas más sofisticadas y personalizadas que en ocasiones incluso llegaban a resultar rígidas y agobiantes. Dos extremos, pues. Argumentando la importancia de salvar esa brecha y hallar un término medio, con un proyecto que fuera mejor para todos, Myrdal y otros propugnaron espacios físicos y formas de educación temprana que contribuyeran a formar ciudadanos y quizá incluso a mantener a raya a los nacientes fascistas.[12] Aquellas primeras ideas tienen mucho en común con la filosofía que subyace a la pedagogía de Montessori y la que sustenta las escuelas de Reggio Emilia; pero también nos hablan de los espacios situados más allá de los centros preescolares, fuera de sus aulas, los espacios públicos para todos.

Con la llegada de la guerra total, en la década de 1940, muchos proyectos de este tipo quedaron en suspenso. Pero la inmediata posguerra y la derrota de los nazis en Europa les brindaron una segunda oportunidad. Parece ser que, al observar a unos niños jugando entre los escombros de un edificio bombardeado durante la Segunda Guerra Mundial en Dinamarca, a Sørensen le llamó la atención el hecho de que los niños, de distintas edades, deambularan cuidadosamente por el lugar buscando oportunidades para jugar, para construir «objetos» familiares como guaridas y coches con los trozos de ladrillo y mortero que yacían a sus pies. Eso le dio la idea de construir un tipo de parque infantil que tuviera un aspecto similar: ya no un lugar diseñado hasta el último detalle y arquitectónicamente completo, sino, en cambio, deliberadamente incompleto; un proyecto inacabado que, según decía, para un adulto no parecería más que un montón de «chatarra», pero que proporcionaría infinitas oportunidades para la creatividad y el juego cooperativo a los niños. Había nacido el parque infantil de chatarra. Sørensen ayudó a fundar el primero de tales parques, el hoy famoso Skrammellegepladsen Emdrup, o Parque de Chatarra de Emdrup, en Copenhague, que se menciona con frecuencia como la cuna del trabajo lúdico. Se dice que, hablando del trabajo que había realizado durante su vida, Sørensen comentó que, como arquitecto, el parque infantil de chatarra era con diferencia su idea más fea; pero también la más significativa y aquella de la que se sentía más orgulloso.

Al otro lado del mar del Norte, y más o menos en la misma época, una arquitecta paisajista británica, lady Allen de Hurtwood, se convirtió en una importante defensora de la idea de los parques infantiles de chatarra en la Inglaterra de posguerra. A diferencia de los parques infantiles construidos por otros, las típicas estructuras de acero y madera con un logotipo corporativo en su armazón, estos parques están integrados más bien por piezas aleatorias de material desechado, algunas de ellas donadas, otras encontradas por ahí, donde son los propios niños quienes imaginan la aventura, que crean en su propia mente colaborando unos con otros. De hecho, a veces se denominan parques infantiles de aventura por esa razón.

Cualquiera que hubiera entrado en el parque infantil Koop Adventure de Estados Unidos el 15 de octubre de 2021 habría visto a unos niños con mascarillas al aire libre jugando a crear una vacuna contra la covid-19 con barro y agua para el colectivo de los menores de doce años, una idea propia, mientras los científicos y los gobiernos se apresuraban a hacer lo mismo, pero afrontaban dificultades para concebirla o acordar su aprobación. Aquellos niños actuaron. Una oferta de empleo para contratar a un educador en Koop explica cuál es el papel de un adulto en ese espacio, dejando claro a los candidatos que «a veces nuestra presencia silenciosa, nuestra disposición a participar en cosas impropias de adultos y nuestra experta escucha activa conducen a conversaciones personales y terapéuticas con los niños sobre sus vidas y sus luchas. Aunque solo parezcan estar jugando en el barro o matando zombis».[13] Juego de aventura, juego de riesgo, parques infantiles de chatarra, la escucha de un espacio aún no creado pero conjuntamente imaginado: todo ello contribuye a posibilitar que los jóvenes ciudadanos puedan pensar en lo que necesitan y luego crear una versión de ello en un lugar seguro.

La idea que subyace a muchos de estos parques infantiles de chatarra es siempre la misma: creatividad, aprendizaje a través del juego, comunidad, cooperación y resiliencia. Son cosas de cuyo desarrollo ya hemos hablado en este libro, pero la clave reside en que los niños empiecen de veras con ellas ya a temprana edad, proporcionándoles así una base que los ayudará a transitar por su vida. Aunando todos estos conceptos, que casualmente también resultan estar presentes en los eslóganes de un sinfín de pódcast y libros superventas para padres, se halla la idea del riesgo; es decir, de permitir y aun alentar a los niños a asumir riesgos que les enseñen a ser autónomos y a confiar en los demás y ayudarlos. Cualquier adulto que observe a los niños jugando en un parque infantil de chatarra o su equivalente los verá subirse a los árboles más altos o usar herramientas reales o encender fuego e invariablemente, en algún momento, se encogerá por un temor instintivo. Porque, en efecto, esos niños están asumiendo riesgos, pero al hacerlo, y hacerlo en un espacio donde los adultos han minimizado los peligros, están desarrollando la percepción de su propia identidad, de sus posibilidades y sus límites, y también el reconocimiento del otro. Porque el riesgo, explican los expertos, no son los peligros en sí mismos, absolutamente inteligibles; el riesgo es más bien un cálculo, un juicio acerca de cuándo es probable que un peligro potencial cause daño y cuándo no. Hoy el juego de riesgo se concibe acertadamente en la bibliografía sobre desarrollo infantil como un elemento saludable, incluso necesario, en el desarrollo físico, cognitivo y emocional. Una revisión sistemática de diversos estudios de investigación sobre el juego de riesgo «reveló la existencia de efectos positivos generales del juego de riesgo al aire libre en toda una serie de indicadores de salud y comportamientos, principalmente la actividad física, pero también la salud y los comportamientos sociales, las lesiones y la agresión».[14] Todos ellos son aspectos cruciales para lograr la solidaridad y empatía que construyen la comunidad.

Termino aquí con The Land, un parque infantil de aventura situado en la ciudad galesa de Wrexham y popularizado por el documental homónimo del cineasta estadounidense Erin Davis, en el que aparecen unos niños pequeños encaramándose a unos árboles altos con frágiles ramas, mientras los «facilitadores» adultos observaban (ansiosos pero pacientes) desde abajo, conteniendo su instinto natural de decirles a los niños que bajen o que vayan con cuidado. En una de las escenas del filme, una niña de unos diez años se quema un dedo en una gran hoguera. El documental recuerda a otro realizado en Londres hace bastantes décadas, en el que se ve a unos niños felices y entretenidos moviéndose con curiosidad por un espacio improvisado de su propio diseño y creación en lo más crudo de un invierno británico. Al contemplar esos espacios como adultos, uno no puede menos que retroceder espantado: están realmente llenos de fea chatarra, de viejas cajas de cartón y tablones de madera rotos; de cajas de plástico desechadas y objetos tan informes como irreconocibles. Y la mayoría de esos espacios comparten su naturaleza aleatoria: carecen de estructuras para trepar o toboganes pulcramente diseñados, no hay césped artificial ni suelos de goma, ni parten de un diseño corporativo que haya pensado en la disposición de los objetos basándose en cálculos de distancia entre las actividades y el número previsto de participantes, etcétera. Estos espacios se parecen más bien a los edificios bombardeados en ruinas de los que surgieron. Son espacios desordenados, cubiertos —y ahí está la clave— de piezas sueltas, sucias y rotas. Porque la teoría de las piezas sueltas constituye aquí el núcleo del aprendizaje. Para el ojo creativo del niño, este no es un desorden que hay que limpiar y reciclar; todo forma parte del reino de la posibilidad. Ningún adulto puede intervenir ni restringir el juego y la creatividad en nombre del orden o de la pulcritud. Ningún padre puede quejarse de que el espacio está desordenado o de que los objetos se utilizan de forma inapropiada. Es un espacio soberano en su desorden y suciedad, y también lo son los niños que crean en él. No han de preocuparse de que sus padres les digan que no rompan nada; que no ensucien nada. Tampoco tienen la falsa sensación de seguridad que conllevan los espacios de juego construidos y que, según han revelado diversas investigaciones, en realidad pueden resultar peligrosos precisamente por esa misma razón.

En 2016, un grupo multidisciplinar de investigadores de la

Universidad de Gloucestershire se propuso dilucidar si los parques infantiles de chatarra construidos hacía décadas en el Reino Unido tenían realmente algún efecto beneficioso, averiguando si podía observarse que hubieran marcado alguna diferencia positiva en los niños que habían jugado en ellos en los alrededores de Bristol y Gloucester en los últimos decenios. Entrevistando a todo tipo de personas, desde adultos que habían acudido a los parques en cuestión cuando eran niños hasta los padres de aquellos niños, ahora ancianos, pasando por los educadores que los observaban y facilitaban sus juegos, los investigadores se propusieron recopilar información y elaborar una trayectoria cronológica que contemplara no solo los altibajos referentes al desarrollo, uso, restricciones legales y financiación relativos a dichos parques, sino también el impacto que esos espacios, esas *plazas*, tenían en los jóvenes ciudadanos a medida que crecían. Una de las conclusiones a las que llegaron fue que los datos disponibles, aun siendo parciales, «tienden a mostrar el valor instrumental de los parques infantiles de aventura y la educación a través del juego en términos de su capacidad para abordar cuestiones de políticas sociales como la reducción de la inactividad física y la obesidad, la reducción de la delincuencia o la cohesión de la comunidad».[15]

Así que todo confluye aquí, con nuestros niños más pequeños, nuestros más jóvenes ciudadanos. Ayudándolos a aprender a no seguir ciegamente a los líderes; a ejercer sus derechos, pero con responsabilidad, en una negociación participativa desde abajo; a frecuentar asiduamente sus plazas, sus espacios de juego, y a sentirse acogidos en ellos; a cultivar sus propios alimentos y compartirlos con otros, y también a incluir en su dieta la llamada *comida étnica* y considerarla parte del mosaico de su propia identidad.

Las escuelas deben adoptar todo este conjunto de pilares básicos en formato micro e integrarlos de manera prioritaria en el plan de estudios. Llamémoslo educación «profunda».[16] Hoy sabemos que nuestro cerebro es mucho más plástico de lo que originariamente se creía, incluido el cerebro del adulto, y que la solidaridad en forma de compasión e incluso de comportamiento altruista no solo puede alentarse, sino que, de hecho, se puede inculcar.[17] Pero lo mejor es empezar a fomentar ese tipo de comportamiento altruista y propenso a la cooperación a una edad temprana. Ya existen evidencias de que esto funciona gracias a un equipo de investigadores de la Universidad de Wisconsin-Madison que se propusieron dilucidar si dicho comportamiento cooperativo y altruista es susceptible de aprendizaje en los humanos. El resultado de su investigación fue tan abrumadoramente positivo que incluso desarrollaron un «Currículo de Amabilidad», un programa educativo que ayuda a los niños en edad preescolar a aprender a cuidar de los demás, a sentir lo que otros sienten. A través de una serie de meditaciones guiadas que primero ponen en contacto a los niños con sus propios sentimientos, tanto emocionales como físicos, y luego los ayudan a imaginar cómo se dan esos mismos sentimientos en el prójimo, los educadores enseñaban de hecho empatía; no qué es, sino cómo experimentarla. Según el profesor Richard Davidson y sus colegas de la Universidad de Wisconsin-Madison, es posible fomentar la idea de una «conexión», es decir, una percepción subjetiva de cuidado mutuo y afinidad con respecto a otras personas aparte de los propios parientes. De hecho, su investigación resultó tan convincente que Davidson fundó en el seno de la propia universidad el llamado Centro pro Mentes Sanas, una entidad que brinda su apoyo a las escuelas que optan por utilizar estas técnicas para crear dicha conexión entre los futuros ciudadanos.[18]

Hagámoslo, pues, y empecemos con un plan de estudios para ciudadanos, que parta de la empatía y de ahí pase a la solidaridad, formando ciudadanos responsables y con conciencia cívica ya desde aproximadamente los tres años de edad.

CONCLUSIÓN

Si mi mensaje es tan importante, tan vital para nuestro mundo como pretendo dar a entender, ¿por qué lo que propongo aún no se ha llevado a la práctica?; ¿y por qué hay que hacerlo ahora? Basta echar un vistazo a los últimos años para comprobar por qué, puesto que hemos vivido el que a la larga podría resultar el periodo más catastrófico del siglo (2020-2022), un periodo en el que los gobiernos nos han fallado y nosotros, los ciudadanos, hemos actuado en su lugar. Lagos, Black Lives Matter, las sociedades de ayuda mutua y otras iniciativas que hemos explorado en estas páginas constituyen importantes puntos de partida y son reales. La clave ahora estriba en comprender que no deberían ser vías excepcionales, movimientos excepcionales ante la brutalidad o las catástrofes, sino que tendrían que formar parte de nuestro modo cotidiano de encarar la vida. Y el germen de ello está ahí, en nuestro presente y en nuestras historias.

Los incendios forestales que asolan el suroeste de Estados Unidos suelen ser imparables, y su destrucción, total. Así ocurrió un mes de julio mientras yo sobrevolaba las colinas del norte de Nuevo México de camino al Instituto Santa Fe, un lugar que despertaría mi imaginación y plantaría parte de las semillas que darían origen a este libro.

Al llegar al aeropuerto, me pregunté por un breve instante si no tendría que cambiar de divisa. Solo me había desplazado hasta allí desde Boston, pero me parecía estar en otro mundo. Fuera, una serie de edificios de adobe de escasa altura salpicaban la tierra seca. Esta vez no aterrizaba en el infierno de una zona de guerra, sino en un castillo de arena en mitad del desierto.

Mientras me dirigía en automóvil hacia el instituto, contemplé aquella tierra extraña y me acordé de Amy, una joven estudiante de Harvard de ascendencia navaja. Pensé que allí fuera, en alguna parte, estaba su hogar. Y recordé un momento de nuestro seminario en el que alguien se refirió a ella como nativa americana. «Bueno —dijo Amy con toda naturalidad—, yo soy india. Entre nosotros, si te calificas a ti mismo de nativo americano solo pareces un gilipollas».

Aquí, como en todas partes, las identidades —las formas en que las personas se perciben a sí mismas y perciben a los demás— son múltiples y controvertidas. Persisten los campos de batalla, pero son intangibles e internos. La arena es toda ella silencio, pero sigue contando historias extremadamente complejas. Ciertamente ocurre así en Nuevo México, pero también en Chicago y Nueva Orleans. Y en Tel Aviv, Jaipur y Lima.

Las identidades probablemente constituyen la parte más problemática de la civilidad, del hecho ser un ciudadano. No pretendo insinuar ni por un momento que aquello por lo que abogo en estas páginas, nuestra tarea colectiva, vaya a ser fácil. Para poder unirnos de forma espontánea y ayudarnos mutuamente, primero debemos saber quiénes somos y pocos de nosotros lo sabemos realmente.

Sé que los proyectos mencionados en este libro, y mis seis ideas para hacer que la democracia funcione aquí y ahora, pueden parecer excepcionales y utópicos, costosos y arriesgados, o, peor aún, insignificantes. Pero al creerlo así, descartando de antemano cualesquiera ideas como las mías por ser demasiado radicales, utópicas o inadecuadas, corremos un riesgo aún mayor: el riesgo de perdernos experimentos cruciales que podrían traer un cambio largamente esperado. Podemos seguir quejándonos o empezar a asumir los riesgos necesarios por nosotros mismos. Es hora de poner fin a la cultura de la protesta interminable, al bloqueo de la Administración pública mediante la violencia y la perturbación cuando nos sentimos descontentos con el Estado y sus políticas. Puede que haya habido un tiempo en la historia para la desobediencia civil, ciertamente; pero ha llegado el momento de la obediencia civil: no a una autoridad o a un Estado, sino a nosotros mismos.

Las investigaciones realizadas en el ámbito de las ciencias sociales a las que he hecho referencia en estos capítulos han revelado que hay dos elementos básicos necesarios para que las comunidades prosperen y sobrevivan, incluso frente a posibles crisis e incluso en ausencia de gobiernos: la resiliencia y la adaptación. Eso es lo que ahora tenemos que reforzar y alimentar. Debemos potenciar nuestra capacidad, como individuos, para unirnos de manera espontánea en comunidades que sean resilientes y adaptables. Mediante los seis pasos mencionados, los seis pilares de la ciudadanía que he esbozado aquí, creo que podemos empezar con buen pie.

No será fácil. Pero nunca ha sido más necesario. En los últimos años hemos perdido nuestra identidad propia, el sentimiento de pertenencia a una comunidad, con sendos procesos paralelos que han cerrado los espacios públicos a causa de una pandemia y sobrecargado nuestros teléfonos y ordenadores con «información» global. Nuestras lealtades a grupos de tamaño reducido y de ámbito local, antaño cruciales para nuestras propias identidades, están cambiando. Aunque eso pueda tener el efecto positivo de ayudarnos a salir de enclaves provincianos, también implica que nos enfrentamos a mayores retos a la hora de definirnos a nosotros mismos y de saber dónde nos sentimos cómodos porque realmente es así y no porque nos lo diga un algoritmo. Nos han conmocionado, sin duda, los fallos de nuestros gobiernos, pero también los de algunos de nuestros grupos sociales más visibles, presenciando, por ejemplo, diversos escándalos de abusos sexuales que han sacudido a entornos tan dispares como Hollywood, la Federación estadounidense de gimnasia o la Iglesia católica. La confianza en nuestros grupos, en nuestras propias comunidades, se ha desplomado.

También diversas catástrofes han puesto a prueba nuestro compromiso comunitario, desde los terremotos de Haití y Japón hasta los incendios forestales de California. Por otra parte, fenómenos que van desde la violencia con armas de fuego que asola países como Estados Unidos hasta los atentados terroristas desencadenados en todo el mundo tanto por actores estatales como no estatales nos han obligado a alejarnos unos de otros para sobrevivir y a pensar sobre todo en nosotros mismos. Las crisis continuarán; sin duda, habrá más. Pero esa no es toda la historia, ni debería serlo: en estos tiempos tan sombríos también hemos demostrado un tremendo compromiso con la raza humana.

Una de las mejores explicaciones del cambio —de cómo se produce una transformación fundamental— vino de alguien que sin duda sabía de qué hablaba: el virólogo Jonas Salk, artífice de la vacuna contra la polio, que utilizó el sencillo esquema de la curva sigmoidea para ilustrar cómo creía él que cambiaban las poblaciones. Imagine una curva en forma de *S* alargada, en la que al principio el cambio es lento y gradual, como la parte inferior izquierda de la *S*, y también lo es al final, como la parte superior derecha; pero la parte intermedia, la zona central donde la letra se proyecta hacia arriba y asume una curva distinta, representa la zona crucial del cambio: es aquí, en el punto de inflexión, donde la transformación tiene lugar, de forma abrupta y rápida; por lo tanto, es también aquí donde la resistencia al cambio es más fuerte.[1] Ese es el punto en el que nos encontramos.

Otro esquema basado igualmente en una letra puede ayudarnos también a entender la idea. Imagine ahora una *J* alargada, con su lento descenso antes de iniciar su prolongado y vertiginoso ascenso. Los científicos llevan mucho tiempo utilizando la curva en forma de *J* para explicar todo tipo de cambios, desde la eficacia de los tratamientos médicos hasta el crecimiento económico o el comercio internacional. Pero uno de los usos más interesantes de la curva en forma de *J* para ilustrar el cambio social fue el que dio a conocer un antiguo condiscípulo de posgrado, Joel Hellman, a finales de la década de 1990.[2] Testigo de las dolorosas experiencias de reforma económica y política simultáneas vividas en los países poscomunistas tras la caída del Muro de Berlín, Hellman quiso dilucidar por qué tantos de dichos países vieron cómo sus reformas se quedaban a medio camino. Recurriendo a la curva en forma de *J*, explicó que la mayoría de los trabajos analíticos documentaban la denominada *privación relativa* como causa. Eso implicaba que las personas que sufrían los programas gubernamentales de austeridad, las privatizaciones repentinas y aceleradas de la industria de titularidad pública y otras reformas juzgadas necesarias para crear una economía de mercado, experimentaban un impacto en sus vidas que a corto plazo resultaba doloroso y bastante negativo antes de que llegara cualquier mejora y pudieran obtener algún beneficio; ante esa situación, creían los estudiosos, el hartazgo que experimentaban las personas afectadas las llevaba a bloquear el avance de las reformas, de manera que al final las recompensas nunca llegaban. Era una teoría plausible, pero lo que ingeniosamente descubrió Hellman en su investigación fue que no eran los perdedores a corto plazo que sufrían las reformas en la parte inferior de la curva quienes bloqueaban su avance, deteniendo el proceso antes de que las cosas tuvieran la oportunidad de mejorar y la curva se disparara hacia arriba, sino que eran más bien los ganadores a corto plazo, aquellos que se beneficiaban de las rentas privadas y de las primeras distorsiones en el periodo de transformación rápida, los pocos que obtenían beneficios de las penurias de los demás, los responsables de bloquear las ulteriores reformas. Así pues, concluía, el reto no era tanto marginar a los perdedores y aislar a los gobiernos de sus protestas como ser inclusivo con ellos y a la vez controlar a los codiciosos ganadores a corto plazo.

No me cabe la menor duda de que todos y cada uno de los cambios que propongo en este libro darán lugar a un montón de curvas en forma de *J*, curvas sigmoides, distorsiones, perturbaciones, codiciosos ganadores y demás; al menos a corto plazo. El cambio conlleva resistencia, no solo por parte de quienes pueden salir perdiendo, sino también de quienes pueden salir ganando inicialmente. La única solución, pues, consiste en posibilitar que ese cambio tenga lugar no como una estrategia elitista y jerárquica desde arriba, sino como un acuerdo cooperativo y comunitario surgido desde la base que incluya tanto a los perdedores como a los ganadores a corto plazo y los lleve conjuntamente a través del proceso que permita completar la curva, de manera que todos ellos puedan obtener beneficios cuando finalmente lleguen.

Para ello debemos aceptar el provechoso desorden de la naturaleza humana y su capacidad de regenerarse por sí sola. La naturaleza, abandonada a sus propios recursos y con las condiciones adecuadas, con los incentivos apropiados, encontrará el orden. Dicha naturaleza pueden ser ecosistemas, burbujas en una placa de Petri e incluso personas en una comunidad. Cuando llegan agentes externos como los gobiernos y creen que ayudan estableciendo normas, leyes y constituciones, a menudo lo echan todo a perder, porque siempre han intentado poner orden a través de la estabilidad y el control, en lugar de hacerlo con incentivos para el aprendizaje y la cooperación espontánea. Hoy, más que nunca, tenemos la oportunidad de crear y construir ese orden bueno y auténtico: un orden dinámico, receptivo, que surge espontáneamente y que nunca, en ninguna circunstancia, resulta ser estático.

El presente volumen no debe confundirse con un llamamiento en favor del neoliberalismo a ultranza ni de la anarquía, aunque el lector podría encontrar similitudes en la medida en que los mejores y más justos experimentos realizados en el marco de estas ideologías se basan en un orden espontáneo. Lo que imagino aquí no tiene absolutamente nada que ver con el asalto a edificios gubernamentales, ni con el tipo de desobediencia civil que paraliza comunidades enteras, puesto que la auténtica ciudadanía no comparte nada de las ideologías extremistas que subyacen a los movimientos perturbadores y destructivos. Más bien, las seis ideas heréticas planteadas en estas páginas aspiran a actuar conjuntamente, de forma gradual pero acumulativa, y también constructiva, a fin de aumentar nuestra resiliencia como ciudadanos y ayudarnos a ser cualquier cosa menos fuerzas paralizadoras, proporcionándonos formas reales de experimentar una sólida conexión con un determinado lugar y con el prójimo sin la violencia y sus malvados hermanos. Si logramos hacer aunque solo sea algunas de las cosas que se mencionan en este libro, aumentaremos nuestra capacidad de adaptarnos incluso a las peores situaciones, con solidaridad y compasión y puede que, un día, hasta con justicia para todos.

Los escépticos seguirán preguntándose si es realmente posible que nuestro ciego apego al orden nos haya impedido tener una «buena vida» o, al menos, la haya hecho más difícil de alcanzar. Sí, respondo yo. Hasta que todos sintamos de veras la necesidad de crear espontáneamente un orden dinámico por nosotros mismos nunca obedeceremos lo bastante el orden y las normas que se nos imponen desde arriba. Tucídides, el gran historiador de Atenas y Esparta, estaba en lo cierto cuando, unos cuatrocientos años antes de Cristo, advertía que la naturaleza humana estaba «siempre dispuesta a delinquir incluso allí donde existen leyes».[3] Al decir eso me convierto en una hereje en el mundo de la ley y el orden, un mundo que he defendido durante décadas. Porque, en cambio, es de la naturaleza humana desde donde tenemos que partir y con la que hemos de hacer el trabajo duro. Ahí reside el potencial.

Mi plan insta a actuar en los seis ámbitos o pilares mencionados, que en conjunto pueden tejer una urdimbre solidaria de responsabilidad y sentar las bases de una ciudadanía cooperativa para todos nosotros. Todos estos pilares están unidos en su contribución a nuestra independencia amistosa del Estado y a nuestra dependencia mutua. Se solapan y sostienen unos a otros, dado que, si fallamos en un área, es probable que fallemos en el resto. La línea que divide esos pilares no es rígida ni definitiva, como tampoco lo son las soluciones. Pero cuando nos pongamos a trabajar para arreglar los problemas en un ámbito, en uno de los pilares de la ciudadanía, estaremos en vías de arreglar los problemas en todos.

¿Por qué no utilizamos este momento de nuestra historia como catalizador para formar auténticos ciudadanos, una verdadera sociedad civil, algo que hasta ahora nunca ha existido, ni podía existir, a escala global? Así, cuando llegue el próximo reto (porque llegará, y pronto), podremos decir: «Lo tenemos controlado». Y esta vez podemos decirlo en serio.

AGRADECIMIENTOS

Son muchas las personas a las que debo agradecer la posibilidad y la realización de este libro y aún más aquellas a las que tengo que culpar. Pero debo limitarme aquí a mencionar unos pocos nombres concretos, o me arriesgo a que esta sección resulte más larga que todo el texto en sí, aunque en verdad debería serlo. Consciente de la descortesía, espero sinceramente que quienes saben cómo y dónde me han ayudado a lo largo de mi viaje, ya sea en cuestiones concretas o de un modo más general, sepan también hasta qué punto se lo agradezco de veras y estoy en deuda con ellos; desde los numerosos estudiantes y colegas con los que he tenido el privilegio de trabajar a lo largo de los años, hasta los juristas, responsables políticos y ciudadanos de a pie que me acogieron en sus espacios, me contaron historias relevantes que se recogen estas páginas y partieron y compartieron el pan conmigo: gracias a todos. Obviamente, cualquier posible error sigue siendo responsabilidad mía.

Mark Tushnet leyó todo el manuscrito y aportó un importante diálogo durante años. Alexis Kirschbaum y Jasmine Horsey, de Bloomsbury, y T. J. Kelleher, de Basic, creyeron lo bastante en este proyecto como para hacerlo suyo, y luego ellos y sus equipos lo mejoraron muchísimo. Estoy especialmente agradecida a todo el equipo de Bloomsbury, entre otros, a Akua Boateng, Anna Massardi, Ben Chisnall, Lauren Whybrow y Molly McCarthy.

Pero nada de esto habría sido posible sin la labor de mi increíble agente, Emma Bal.

Este libro está dedicado a mis hijos, Raphael y Demara, con mi gratitud por el mero hecho de estar ahí y por aceptar mi enfoque poco ortodoxo de casi todo. Es para ellos, para su generación de jóvenes ciudadanos y para los que vendrán, con la esperanza de una vida más cooperativa, para quienes planto esta modesta semilla.

NOTAS

Prefacio

1. La bibliografía sobre el federalismo, sus pros y sus contras y sus distintas variantes, es muy amplia. Uno de los partidarios del federalismo asimétrico, basado en sus investigaciones en la India y en otros lugares, fue Alfred Stepan; véase su «Federalism and Democracy: Beyond the US Model», *Journal of Democracy*, vol. 10, n.º 4, 1999.

2. Algunos de los trabajos más influyentes sobre la descentralización en España y su relación con la democracia se encuentran en Juan J. Linz y Alfred Stepan, *Problems of Democratic Transition and Consolidation: Southern Europe, South America and Post-Communist Europe*, Johns Hopkins University Press, Baltimore, Maryland, 1996.

3. Véase <https://www.refworld.org/pdfid/517521334.pdf>; esta larga lista, aunque no exhaustiva, detalla los ataques y atentados perpetrados en Irak a lo largo de 2009-2010, el periodo de mi trabajo en el país.

4. Otros han planteado diversas cuestiones e inquietudes sobre los trasplantes normativos; por ejemplo, Vlad Perju, «Constitutional Transplants: Borrowing and Migrations», en M. Rosenfeld y A. Sajó (eds.), *The Oxford Handbook of Comparative Constitutional Law*, Oxford University Press, Oxford, 2012, pp. 1304-1327.

Introducción

1. Alfred Stepan y Cindy Skach, «Constitutional Frameworks and Democratic Consolidation: Parliamentarianism versus Presidentialism»,

World Politics, vol. 46, n.º 1, octubre de 1993, pp. 1-22. Nosotros aportamos algunas de las primeras evidencias, pero fue Juan Linz, de la Universidad de Yale, quien inicialmente empezó a escribir y presentar los artículos que luego suscitaron nuestra investigación. Entre otros trabajos que respaldan estas afirmaciones se incluyen los publicados en Adam Przeworski, Michael E. Álvarez, José Antonio Cheibub y Fernando Limongi, *Democracy and Development: Political Institutions and Well-Being in the World, 1950-1990*, Cambridge University Press, Cambridge, 2000. Algunos estudiosos discrepaban de nuestra línea argumental y nuestras correlaciones; véase José Antonio Cheibub, «Presidentialism and Democratic Performance», en Andrew Reynolds (ed.), *The Architecture of Democracy: Constitutional Design, Conflict Management, and Democracy*, Oxford University Press, Oxford, 2002.

2. Pueden consultarse los datos del índice de Gini en la Plataforma sobre Pobreza y Desigualdad del Banco Mundial, <https://pip.worldbank.org/home>. A título comparativo, el índice de Brasil en 2021 era del 52,9; el de Francia, del 30,7 en 2020; el de Noruega, del 27,7 en 2019; el del Reino Unido, del 32,6 en 2020, y el de Estados Unidos, del 39,7 en 2020.

3. Véase a este respecto la labor de Paulo Sergio Pinheiro, jurista brasileño y exsecretario de Estado de Derechos Humanos bajo la administración del presidente Fernando Henrique Cardoso.

4. Tal como se analiza en mi *Borrowing Constitutional Designs: Constitutional Law in Weimar Germany and the French Fifth Republic*, Princeton University Press, Princeton, Nueva Jersey, 2005.

5. Un ejemplo es M. Rainer Lepsius, sociólogo y erudito alemán con especial interés en Max Weber, el nacionalismo alemán y el auge de los nacionalsocialistas.

6. Mi entrevista con ella se detalla en mi artículo «Russia's Constitutional Dictatorship: A Brief History», *University of Miami International and Comparative Law Review*, 2021.

7. Guillermo A. O'Donnell, «Delegative Democracy», *Journal of Democracy*, vol. 5, n.º 1, 1994, pp. 55-69.

8. Algunos de estos hechos se detallan en diversas publicaciones del Centro Europeo pro Derechos de los Romaníes (ERRC, por sus siglas

en inglés). Véase, por ejemplo, «Hungary: What's Actually New About Viktor Orbán's Latest Racist Outburst?», ERRC, 29 de julio 2022, disponible en <http://www.errc.org/news/hungary-whats-actually-new-about-viktor-orbans-latest-racist-outburst>.

9. Puede verse un análisis revelador, que resume los efectos positivos a largo plazo de la primavera árabe, en Noah Feldman, *The Arab Winter: A Tragedy*, Princeton University Press, Princeton, Nueva Jersey, 2020.

10. Véase el fascinante artículo de Paolo Maurizio Talanti «Alika Is Our George Floyd», *Vogue Italia*, 2 de agosto de 2022.

11. Puede verse una reciente excavación histórica de documentos relacionados con la salud mental, la psicología y el liderazgo en Patrick Weil, *The Madman in the White House*, Harvard University Press, Cambridge, Massachusetts, 2023.

12. Véase <https://worldjusticeproject.org/rule-of-law-index>. Datos sobre el Estado de derecho de la organización Proyecto de Justicia Mundial (WJP, por sus siglas en inglés), que evaluó un total de 140 países y jurisdicciones en todo el mundo y en 2022 declaró que se había producido un retroceso en la mayoría de los países de ese conjunto según los indicadores relativos al Estado de derecho; dichos indicadores incluían la mayor o menor capacidad de exigir responsabilidades a los líderes, el nivel de justicia y claridad de las leyes, el grado de funcionamiento de las restricciones al poder gubernamental y la ausencia de corrupción.

13. Encuesta de la OCDE sobre los determinantes de la confianza en las instituciones públicas, 2021. Esta encuesta, que sondeó la opinión de unos cincuenta mil ciudadanos de 22 países de la OCDE, revelaba que la confianza y la desconfianza en el Gobierno estaban prácticamente igualadas, con un 41,4% que declaraba confiar en su Gobierno nacional y un 41,1% que afirmaba no hacerlo. Véase «Governments seen as reliable post-pandemic but giving citizens greater voice is critical to strengthening trust, says OECD», <https://www.oecd.org/en/about/news/press-releases/2022/07/governments-seen-as-reliable-post-pandemic-but-giving-citizens-greater-voice-is-critical-to-strengthening-trust.html>.

14. Véase Ipsos, «Confianza interpersonal en el mundo», marzo de

2022, <https://tinyurl.com/pu3pkm3b>; se encuestó a los habitantes de 30 países.

15. Véase, por ejemplo, el trabajo de Steven Levitsky y Daniel Ziblatt, *How Democracies Die*, Crown, Nueva York, 2018; o Ed Miliband, *Go Big: How to Fix Our World*, Bodley Head, Londres, 2021.

16. Véanse los datos en Freedom House, «Freedom in the World 2023: Marking 50 Years in the Struggle for Democracy», <https://freedomhouse.org/sites/default/files/2023-03/FIW_World_2023_DigtalPDF.pdf>.

17. Bill Chappell, «Protesting Racism Versus Risking COVID-19: "I Wouldn't Weigh These Crises Separately"», 1 de junio de 2020, NPR News.

18. El *Leviatán* de Thomas Hobbes (*Leviatán, o La materia, forma y poder de un estado eclesiástico y civil*) se publicó en 1651 y aún hoy sigue siendo un texto fundacional de la teoría política y jurídica.

1. Las lecciones de la ley

1. Es evidente que en estas narraciones existen muchos más matices de los que puedo detallar aquí, dado que los mitos de la creación de todas las naciones y culturas están impregnados de importantes particularidades lingüísticas, históricas, subculturales y de otro tipo que corresponde descifrar a los especialistas. Uno de los más citados con respecto a Corea es Boudewijn Walraven. Véase en particular Robert E. Buswell Jr. (ed.), *Religions of Korea in Practice*, Princeton University Press, Princeton, Nueva Jersey, 2007, que incluye trabajos de Walraven y otros.

2. Véase, por ejemplo, John Bierhorst, *The Mythology of Mexico and Central America*, William Morrow, Nueva York, 1990.

3. Véase el fascinante libro de Samuel Noah Kramer *History Begins at Sumer: Thirty-Nine Firsts in Recorded History*, University of Pennsylvania Press, Filadelfia, Pensilvania, 1988.

4. S. E. Merry, «Law: Anthropological Aspects», en Neil J. Smelser y Paul B. Baltes (eds.), *International Encyclopedia of the Social and Behavioural Sciences*, Pergamon Press, Oxford, 2001.

5. Esta es al menos la perspectiva de Ronald M. Dworkin en «The Model of Rules», *University of Chicago Law Review*, vol. 35, n.° 14 (1967-1968), pp. 14-46. Para saber más, véanse el debate entre Lon Fuller y H. L. A. Hart publicado en *Harvard Law Review*: H. L. A. Hart, «Positivism and the Separation of Law and Morals», *Harvard Law Review*, vol. 71, n.° 4, febrero de 1958, pp. 593-629; y Lon L. Fuller, «Positivism and Fidelity to Law - A Reply to Professor Hart», *Harvard Law Review*, vol. 71, n.° 4, febrero de 1958, pp. 630-672.

6. Douglas C. North, premio nobel de economía, fue quizá el primero en referirse a las leyes como restricciones de origen humano, en su artículo «Institutions», *Journal of Economic Perspectives*, vol. 5, n.° 1, invierno de 1991, pp. 97-112.

7. Puede verse un prominente análisis sobre el constitucionalismo como concepto en Charles Howard McIlwain, *Constitutionalism: Ancient and Modern*, Cornell University Press, Ithaca, Nueva York, 1947.

8. Se trata de una clasificación a grandes rasgos, extraída de la cronología, más detallada, que puede verse en el sitio web de Comparative Constitutions Project (<comparativeconstitutionsproject.org>), así como en Zachary Elkins, Tom Ginsburg y James Melton, *The Endurance of National Constitutions*, Cambridge University Press, Nueva York, 2009.

9. Cicerón, *De los deberes*, libro III, § VI.

10. Reinhard Zimmermann, *The Law of Obligations: Roman Foundations of the Civilian Tradition*, Clarendon Press, 1996.

11. Sigo agradecida a Robert Amdur por alertarme sobre este episodio y su importante conexión con mi argumento.

12. Pierre-Joseph Proudhon, *Idea general de la revolución en el siglo* XIX, 1851.

13. Véase, para empezar, Michael Polanyi, *The Logic of Liberty*, University of Chicago Press, Chicago, Illinois, 1951.

14. Véase el *Libro de Zhuangzi* (siglo III a. C).

15. O lo que Donald Lutz prefiere llamar «autoconservación, sociabilidad sin restricciones e innovación beneficiosa». Véanse su *Principles of Constitutional Design*, Cambridge University Press, Nueva York, 2006, y Walter F. Murphy, *Constitutional Democracy: Creating and Main-*

taining a Just Political Order, Johns Hopkins University Press, Baltimore, Maryland, 2007; además de mi propia reseña de su trabajo en *International Journal of Constitutional Law*, vol. 7, n.º 1, enero de 2009, pp. 175-181.

16. Véanse los argumentos expuestos en Michael C. Dorf, «The Aspirational Constitution», *The George Washington Law Review*, vol. 77, n.os 5/6, septiembre de 2009, pp. 1631-1671; o Frank Michelman, «Socioeconomic Rights in Constitutional Law: Explaining America Away», *International Journal of Constitutional Law*, vol. 6, n.os 3/4, julio-octubre de 2008, pp. 663-686.

17. Charles Tilly, *Stories, Identities and Political Change*, Rowman & Littlefield, Lanham, Maryland, 2002.

18. Ellen M. Immergut, «Institutions, Veto Points, and Policy Results: A Comparative Analysis of Health Care», *Journal of Public Policy*, vol. 10, n.º 4, 1990, pp. 391-416.

19. Emitido por primera vez en 1979 e interpretado por Lynn Ahrens. Una aclaración hecha unas décadas después afirmaba que, «una vez hecho, este segmento sobre el sistema de separación de poderes de nuestro gobierno no se emitió durante varios años por la inquietud de que algunos políticos pudieran sentirse ofendidos por la analogía circense». Véase Tom Yohe y George Newall, *Schoolhouse Rock!: The Updated Official Guide*, Hyperion, Los Ángeles y Nueva York, 2023.

20. Se discute el origen real de la cita; véase Steven Luxenberg, «A Likely Story... And That's Precisely the Problem», *Washington Post*, 17 de abril de 2005.

2. No seguir ciegamente a los líderes

1. Eso no supone ignorar la labor catalizadora que ya se había realizado antes para animar a las mujeres a denunciar, en particular, el galardonado trabajo de investigación de las reporteras de *The New York Times* Jodi Kantor y Megan Twohey, recopilado y publicado luego como *She Said: Breaking the Sexual Harassment Story That Helped Ignite a Movement*, Bloomsbury, Londres, 2019.

2. John M. Carey, entre otros académicos, discrepó durante déca-

das de la crítica al presidencialismo, postulando importantes matices al respecto. Pero hasta él llegaba a la conclusión de que las democracias parlamentarias funcionan mejor en toda una serie de parámetros. Véase su artículo «Did Trump prove that governments with presidents just don't work?», *Washington Post*, 4 de febrero de 2021.

3. Véase la historia en «Grenoble : l'acte héroïque des habitants d'un quartier pour sauver deux enfants des flammes», <https://www.ledauphine.com/faits-divers-justice/2020/07/21/grenoble-deux-enfants-sautent-d-un-balcon-pour-echapper-a-un-incendie>.

4. Zeynep Tufekci, *Twitter and Teargas: The Power and Fragility of Networked Protest*, Yale University Press, New Haven, Connecticut, 2017.

5. Jim Newton, «City Hall's embrace of Occupy L.A.», *Los Angeles Times*, 20 de marzo de 2014, <https://www.latimes.com/opinion/opinion-la/la-oe-newton-column-occupy-la-and-the-city-council-20111024-column.html>.

6. Dejo aquí constancia del trabajo pionero de Frances Haugen y Sophie Zhang, dos valientes científicas de datos que expusieron algunos de los problemas de las redes sociales y exigieron mayor supervisión. A primera vista, su llamamiento en favor de una mayor regulación parecería chocar con mi postura más bien alejada de este tipo de control, pero probablemente resulte coherente: reservar las normas, las regulaciones y la supervisión para aquellos elementos de nuestra sociedad, como las corporaciones, con más probabilidades de abusar de su posición privilegiada, dejando el trabajo autoorganizado y espontáneo de la vida cotidiana al resto de nosotros.

7. Susanne Lohmann, «The Dynamics of Informational Cascades: The Monday Demonstrations in Leipzig, East Germany, 1989-91», *World Politics*, vol. 47, octubre de 1994, pp. 42-101.

8. En el ámbito de las ciencias sociales existen importantes teorías y debates acerca de cómo ocurre esto, si interviene de hecho una cascada informativa —un proceso en dos pasos en el que los individuos deciden primero si van a actuar o no y, luego, actúan, tras observar a otros que lo han hecho antes que ellos— o si se trata de la mentalidad de rebaño. Obviamente, en los periodos de crisis, la cuestión de por qué los individuos actúan en contra de su propia racionalidad (por ejemplo, cuando

pueden resultar heridos o ser detenidos) hace que nos paremos a preguntarnos qué los impulsa y si el deseo de autoconservación de los seres humanos entraña algo más de lo que se aprecia a simple vista. Aquí es donde probablemente nos distanciamos de la analogía de las burbujas de la que hablamos un poco más adelante, pues el comportamiento de las cascadas informativas, como el de las burbujas, permite elaborar modelos matemáticos, mientras que nosotros tenemos emociones que pueden hacer que nos comportemos de formas matemáticamente impredecibles, pero que, aun así, pueden seguir siendo racionales.

9. Charles E. Fritz, «Disasters and Mental Health: Therapeutic Principles Drawn from Disaster Studies», University of Delaware Disaster Research Center, serie n.º 10, 1996. El documento se escribió en 1961, pero, por diversas razones que se explican en el prefacio, no se publicaría hasta treinta y cinco años después.

10. *Ibid.*, p. 4.

11. Sobre el valor de los poderes de excepción y para ver un análisis rico en matices que incluye la defensa de Maquiavelo de la dictadura romana, puede consultarse John Ferejohn y Pasquale Pasquino, «The Law of the Exception: A Typology of Emergency Powers», I. CON, vol. 2, n.º 2, 2004, pp. 210-239.

12. Véanse Steven M. Southwick *et al.* (eds.), *Resilience and Mental Health*, Cambridge University Press, Cambridge, 2011; y también el análisis rico en matices que ofrecen Amanda R. Carrico *et al.*, «Social Capital and Resilience to Drought Among Smallholding Farmers in Sri Lanka», *Climate Change*, vol. 155, 2019, pp. 195-213. Véase asimismo G. T. Svendsen y G. L. Svendsen (eds.), *Handbook of Social Capital: The Troika of Sociology, Political Science and Economics*, Edward Elgar, Northampton, Massachusetts, 2008.

13. Rebecca Solnit, *A Paradise Built in Hell: The Extraordinary Communities That Arise in Disaster*, Penguin, Londres, 2009, p. 312 (trad. esp.: *Un paraíso en el infierno: Las extraordinarias comunidades que surgen en el desastre* trad. David Muñoz Mateos, Capitán Swing, Madrid, 2020).

14. Así describían la privacidad, en una conocida definición, los juristas Samuel Warren y Louis Brandeis en su artículo «The Right to Privacy», *Harvard Law Review*, 1890.

15. Véase «Delay to free school meal extension "shameful", EIS union says», BBC, 27 de diciembre de 2022, <https://www.bbc.co.uk/news/uk-scotland-64095765.amp>.

16. Véase el estudio publicado en 2022 por Rebecca O'Connell, del University College de Londres, y sus colegas de Lisboa y Noruega: Rebecca O'Connell, Julia Brannen, Vasco Ramos, Silje Skuland y Monica Truninger, «School meals as a resource for low-income families in three European countries: a comparative case approach», *European Societies*, vol. 24, n.º 3, 2022, pp. 251-282.

17. Véanse los datos estadísticos citados de documentos gubernamentales en el sitio web de la organización, <oxfordfoodhub.org>.

18. Una defensora de esta forma de experimentalismo democrático es Hélène Landemore, en *Open Democracy: Reinventing Popular Rule for the Twenty-First Century*, Princeton University Press, Princeton, Nueva Jersey, 2020. Véase también el debate al respecto en Jane Mansbridge *et al.*, «Representing and Being Represented in Turn – A Symposium on Hélène Landemore's *Open Democracy*», *Journal of Deliberative Democracy*, vol. 18, n.º 1, 2022, pp. 1-12.

19. Véanse su *Democracy Without Shortcuts: A Participatory Conception of Deliberative Democracy*, Oxford University Press, Oxford y Nueva York, 2020; así como la crítica de Robert Goodin, «Between Full Endorsement and Blind Deference», *Journal of Deliberative Democracy*, vol. 16, n.º 2, 2020.

20. J. Holt-Lunstad, T. B. Smith y J. B. Layton, «Social Relationships and Mortality Risk: A Meta-analytic Review», *PLOS Medicine*, vol. 7, n.º 7, 27 de julio de 2010, e1000316, <https://doi.org/10.1371/journal.pmed.1000316>.

21. Véase Robin Dunbar, «Friendship and Social Relationships: Understanding the Power of Our Most Important Relationships», 15 de febrero de 2022, EPSIG UK, <https://www.youtube.com/watch?v=-4ya1o5TX73M>. Véase también «Don't Believe Facebook: You Only Have 150 Friends», *All Things Considered*, NPR, 5 de junio de 2011.

22. Una obra clásica al respecto es James Gleick, *Chaos*, Vintage, Nueva York, 1997; véase también Melanie Mitchell, *Complexity: A Guided Tour*, Oxford University Press, Nueva York, 2011.

23. Uno de los primeros en hacerlo fue el genial John von Neumann, no con las burbujas de la cerveza negra propiamente dichas, sino con una estructura de espuma bidimensional. Véase su exposición de 1952 en *Metal Interfaces*, American Society for Metals, Cleveland (OH), pp. 108-110.

24. Algunos importantes trabajos al respecto incluyen Karl Dietrich Bracher, *The German Dictatorship: The Origins, Structure and Consequences of National Socialism*, Penguin Books, 1991.

25. Cindy Skach, *Borrowing Constitutional Designs*, Princeton University Press, Princeton, Nueva Jersey, 2005.

26. Existe un importante y antiguo debate en torno a la relación entre la ley y la moral. No pretendo agotarlo aquí, pero uno de los participantes contemporáneos en este debate, al que aporta importantes ejemplos recientes, es el jurista sudafricano-canadiense David Dyzenhaus. Véase, por ejemplo, su *Hard Cases in Wicked Legal Systems: Pathologies of Legality*, Oxford University Press, Oxford, 2010.

3. Ejercer nuestros derechos, pero con responsabilidad

1. La francesa Annie Lebeuf fue una de las primeras mujeres antropólogas en apreciar los matices del matriarcado en África e introducirlo más directamente en el discurso académico.

2. Charlie Savage, de *The New York Times*, encontró y publicó algunos de los memorandos de Kagan, incluido el que resulta crucial para este caso, en su artículo del 3 de junio de 2010 «In Supreme Court Work, Early Views of Kagan».

3. Robert M. Cover, «Violence and the Word», *The Yale Law Journal*, vol. 95, n.º 8, julio de 1986, pp. 1601-1629.

4. Lon L. Fuller, «The Case of the Speluncean Explorers», *Harvard Law Review*, 1949.

5. «Boy Who Refused Blood Transfusion Dies», CBSnews.com, 30 de noviembre de 2007, <https://www.cbsnews.com/news/boy-who-refused-blood-transfusion-dies>.

6. «Muslim Girl Shaves Head Over Ban», BBC, 1 de octubre de 2004.

7. Puede verse una buena panorámica general de su función, así como de la bibliografía apropiada, en la que se habla asimismo de la figura de Hans Kelsen, teórico jurídico y artífice del Tribunal Constitucional austriaco, en Nuno Garoupa y Tom Ginsburg, «Building Reputation in Constitutional Courts: Political and Judicial Audiences», *Arizona Journal of International and Comparative Law*, vol. 28, n.º 3, 2011, pp. 539-568.

8. Aquí resulta especialmente instructiva la analogía del dilema del prisionero y, en particular, el papel que desempeñan los valores en la decisión de cooperar o no hacerlo. Véase, por ejemplo, Derek Parfit, «Prudence, Morality and the Prisoner's Dilemma», Annual Philosophical Lecture, Henrietta Herz Trust, 1978. Es importante subrayar que en la situación hipotética que plantea el dilema, los prisioneros no pueden comunicarse entre sí, y este es un elemento clave porque ninguno de los dos puede saber lo que el otro decidirá hacer.

9. Véase Vanda Felbab-Brown, «Conceptualizing Crime as Competition in State-Making and Designing an Effective Response», Brookings Institution, 21 de mayo de 2010. Véase también Charles Tilly, «War Making and State Making as Organised Crime», en Peter Evans, Dietrich Rueschemeyer y Theda Skocpol (eds.), *Bringing the State Back In*, Cambridge University Press, Cambridge, 1985.

10. *Justicia para todos*, Columbia Pictures, 1979.

11. Véase su libro *Justice: What's the Right Thing to Do?*, Farrar, Straus and Giroux, Nueva York, 2009, basado en su popular curso de licenciatura.

12. *NIMBY* es un acrónimo inglés que significa *Not In My Back Yard*, literalmente «no en mi patio trasero», y hace referencia a aquellas situaciones en las que un grupo o comunidad, aun aceptando la necesidad de que existan cierto tipo de instalaciones consideradas «problemáticas» —como, por ejemplo, cárceles o vertederos—, se niegan a que se construyan en sus inmediaciones. Este tipo de conflictos resultan claramente complejos, con argumentos decentes y no tan decentes por ambas partes; pero todos ellos ilustran la problemática de respetar los derechos del prójimo, y muchos de los involucrados en los conflictos de tipo NIMBY se muestran incapaces de apreciar los puntos de vista

ajenos, quizá porque tales problemas tienden a estructurarse como cuestiones de suma cero, con claros ganadores y perdedores. Véase una opinión reciente en Conor Dougherty, «Twilight of the NIMBY», *The New York Times*, 5 de junio de 2022, <https://www.nytimes.com/2022/06/05/business/economy/california-housing-crisis-nimby.html>.

13. «Judgments - Oxfordshire County Council (Respondents) v. Oxford City Council (Appellants) and Another (Respondent) (2005) and Others», Cámara de los Lores del Reino Unido, legislatura 2005-2006, <https://publications.parliament.uk/pa/ld200506/ldjudgmt/jd060524/oxf-1.htm>.

14. Reg Little, «Anger at Nature of Trap Grounds», *Oxford Mail*, 14 de enero de 2009.

15. Yasminah Beebeejaun, «Gender, Urban Space, and the Right to Everyday Life», *Journal of Urban Affairs*, vol. 39, n.º 3, 2017, pp. 323-334. Véase también el volumen, editado por Beebeejaun, *The Participatory City*, Jovis Verlag, Berlín, 2016.

16. El Tribunal Constitucional Federal de Alemania ha brindado uno de los numerosos ejemplos de lo que podría ser una solución creativa a la controvertida cuestión del aborto. Teniendo que satisfacer tanto a la mayoría cristiana alemana como, tras la reunificación, a los alemanes del Este que habían vivido durante décadas con una concepción distinta y en algunos aspectos más progresista del aborto, el tribunal dictaminó en 1993 que el aborto no es legal, pero tampoco es punible bajo ciertas condiciones.

17. Véanse algunos de los intentos de controlarla en Anna Jobin, Marcello Lenca y Effy Vayena, «The Global Landscape of AI Ethics Guidelines», *Nature Machine Intelligence*, septiembre de 2019.

18. Véase <https://www.climavore.org>.

19. Benedict Anderson, *Imagined Communities*, Verso, Nueva York, 1983, p. 35 (trad. esp.: *Comunidades imaginadas* trad. Eduardo L. Suárez, Fondo de Cultura Económica, Ciudad de México, 2006).

20. Véase su *Strategy of Economic Development*, Yale University Press, New Haven, Connecticut, 1958.

21. Véase la descripción de Maria Cramer en «What Happened

When a Brooklyn Neighborhood Policed Itself for Five Days», *The New York Times*, 4 de junio de 2023.

22. Pueden verse los detalles en <https://camba.org>.

23. Robert A. Dahl, *Polyarchy: Participation and Opposition*, Yale University Press, New Haven, Connecticut, 1971.

24. Mis antiguos colegas Steven Levitsky y Daniel Ziblatt son ejemplos de académicos que se han centrado en las instituciones y las prácticas institucionales. Por importantes que puedan ser, creo, no obstante, que las respuestas no están ahí. Véanse tanto el libro de ambos *How Democracies Die*, Crown, Nueva York, 2018, como la no menos importante reseña del historiador David Runciman en *The Guardian*, 24 de enero de 2018.

25. Amos Tversky y Daniel Kahneman, «The Framing of Decisions and the Psychology of Choice», *Science*, vol. 211, enero de 1981, pp. 453-458.

26. El economista James Andreoni fue uno de los primeros en utilizar la expresión *dádiva gratificante*. Véase, por ejemplo, su artículo «Giving With Impure Altruism», *Journal of Political Economy*, vol. 97, 1989, pp. 1447-1458.

27. Dos buenos ejemplos son, en Estados Unidos, el caso de Masterpiece Cakeshop Ltd. contra la Comisión de Derechos Civiles de Colorado, que se falló el 4 de junio de 2018, y, en el Reino Unido, el caso de Lee contra Ashers Baking Company Ltd., del que se dictó sentencia el 10 de octubre de 2018.

28. Entrevista personal realizada por Messenger, 11 de febrero de 2022.

4. Frecuentar las plazas

1. Véase Jürgen Habermas, «The Public Sphere: An Encyclopedia Article (1964)», trad. Sara Lennox y Frank Lennox, *New German Critique*, n.º 3, 1974, pp. 49-55.

2. El lector encontrará uno de los análisis que más vívidamente vinculan el pasado con la actualidad en Adrian Rennix y Sparky Abra-

ham, «Trial by Combat and the Myths of Our Modern Legal System», *Current Affairs*, febrero de 2021, <https://www.currentaffairs.org/2021/02/trial-by-combat-and-the-myths-of-our-modern-legal-system>; y también en Ariella Elema, «Trial by Battle in France and England», la tesis doctoral presentada por esta medievalista en la Universidad de Toronto, en 2012, en la que se inspiran los mencionados autores.

3. *Ibid.*

4. John Marshall, «Lawyers, Truth and the Zero-Sum Game», *Notre Dame Law Review*, vol. 47, n.º 4, 1972, p. 919.

5. Véanse tanto la opinión mayoritaria como los votos particulares de los magistrados del Tribunal Supremo estadounidense en el caso de «Dobbs, funcionario del Departamento de Salud de Misisipi, contra la Organización de Salud de la Mujer de Jackson», resuelto en 2022, en <https://www.supremecourt.gov/opinions/21pdf/19-1392_6j37.pdf>.

6. En algunos ámbitos jurídicos se ha ido consolidando una tendencia gradual y constante hacia la mediación, dado que las batallas judiciales de suma cero, los retrasos y otros rasgos propios de la vía procesual frustran a muchas personas de todas las partes involucradas.

7. Bertolt Brecht y Margarete Steffin, *Madre Coraje y sus hijos*, 1939.

8. Richard Fusch, «The Piazza in Italian Urban Morphology», *Geographical Review*, octubre de 1994, cita en p. 424.

9. Véase la interesante charla de David Harvey en el Centre de Cultura Contemporània de Barcelona (CCCB), en <https://www.cccb.org/es/multimedia/videos/david-harvey-me-gusta-la-idea-del-comun-urbano-que-es-un-concepto-politico-que-dice-que-este-espacio-esta-abierto-a-todo-tipo-de-gente/229344>.

10. La historia del Mangrove constituye el tema central del primer episodio de la serie *Small Axe*, del artista visual Steve McQueen, en Amazon.

11. Véase una descripción detallada en Robin Bunce y Paul Field, *Renegade: The Life and Times of Darcus Howe*, Bloomsbury, Londres, 2021.

12. Neil Kenlock, entrevista con el autor por correo electrónico a través de Emelia Kenlock, 23 de noviembre de 2020.

13. Lo que se conoce como el escándalo del caballo de Troya o la polémica de las escuelas de Birmingham de 2014 sigue siendo objeto de debate entre periodistas, políticos y residentes. Puede verse una interpretación reciente en Sonia Sodha, «The Trojan Horse Affair: how Serial podcast got it so wrong», *Guardian*, 20 de febrero de 2022.

14. Véase <https://skateboardgb.org/skate/skateparks-spaces>.

15. The British Academy, «The COVID Decade: Understanding the long-term societal impacts of COVID-19», 2021.

16. «Solo en la bolera» es el título del estudio de Bob Putnam sobre el declive de la vida asociativa estadounidense y sus consecuencias para la democracia. Véase *Bowling Alone: The Collapse and Revival of American Community*, Simon & Schuster, Nueva York, 2000 (trad. esp.: *Solo en la bolera: Colapso y resurgimiento de la comunidad norteamericana* trad. José Luis Gil Aristu, Galaxia Gutenberg, Barcelona, 2022).

17. El propio sitio web de Michael Chwe contiene numerosos enlaces a este y otros trabajos suyos, incluido su libro *Rational Ritual*, Princeton University Press, Princeton, Nueva Jersey, 2001. Véase <http://chwe.net/michael>.

18. Michael Chwe, «Social Media Enhances the Power of "Common Knowledge"», UCLA Faculty Voice, <https://newsroom.ucla.edu/stories/ucla-faculty-voice-social-media-enhances-the-power-of-common-knowledge>.

19. El lector encontrará más información sobre el proyecto en <https://www.projectcallisto.org>.

20. Robert Putnam, con Robert Leonardi y Raffaella Nanetti, *Making Democracy Work: Civic Traditions in Modern Italy*, Princeton University Press, Princeton, Nueva Jersey, 1993.

21. Sheri Berman, «Civil Society and the Collapse of the Weimar Republic», *World Politics*, abril de 1997.

22. Jürgen Habermas, «The Public Sphere», *o. cit.*

23. Véase su obra *The Theory of the Leisure Class*, Macmillan, Nueva York, 1899 (trad. esp.: *Teoría de la clase ociosa* trad. Carlos Mellizo, Alianza, Madrid, 2014).

24. El trabajo de Kern no solo pretende identificar los problemas, sino también proponer soluciones. Véase su *Feminist City: Claiming Space in the Man-made World*, Verso, Londres y Nueva York, 2020 (trad. esp.: *Ciudad feminista: La lucha por el espacio en un mundo diseñado por hombres*, Bellaterra, Barcelona, 2021).

25. Krista Schroeder *et al.*, «Trauma-informed neighborhoods: Making the built environment trauma-informed», *Preventive Medicine Reports*, 2021.

26. Aquí, el trabajo sobre las capacidades de Amartya Sen y Martha Nussbaum sin duda ha inspirado mis ideas; véase su *The Quality of Life*, Clarendon Press, Oxford, 1993.

27. E. L. Sweet (ed.), *Disassembled Cities: Spatial, Social and Conceptual Trajectories Across the Urban Globe*, Routledge, Londres, 2019.

28. Véase, por ejemplo, el comunicado de prensa de la Organización Mundial de la Salud «La pandemia de COVID-19 aumenta en un 25 % la prevalencia de la ansiedad y la depresión en todo el mundo», 2 de marzo de 2022, <https://tinyurl.com/bddp984d>.

29. Alain Corbin, *Histoire du silence: De la Renaissance à nos jours,* Albin-Michel, París, 2016 (trad. esp.: *Historia del silencio: Del Renacimiento a nuestros días trad. Carlos Mellizo*, Acantilado, Barcelona, 2019); cita del Prefacio.

30. *Ibid.*

31. Véase el análisis de Sandel sobre Aristóteles en su obra *Justice: What's the Right Thing to Do?*, en particular, el capítulo 8.

32. D. Platts-Fowler y D. Robinson, «Community resilience: a policy tool for local government?», *Local Government Studies*, vol. 42, n.º 5, 2016.

33. U.S. Centers for Disease Control and Prevention (CDC), «Adverse Childhood Experiences (ACEs): Risk and Protective Factors», <https://www.cdc.gov/aces/risk-factors/index.html>.

34. Sobre este concepto de la encarnación, piénsese en la obra de António Damásio o, más recientemente, la de Andy Clark. Véase el análisis crítico de las ideas de Clark que hace Larissa MacFarquhar en su artículo «The Mind-Expanding Ideas of Andy Clark», *The New Yorker*, 26 de marzo de 2018.

35. Austin Sarat, «Situating Law Between the Realities of Violen-

ce and the Claims of Justice», en Austin Sarat (ed.), *Law, Violence, and the Possibility of Justice*, Princeton University Press, Princeton, Nueva Jersey y Woodstock, 2001, p. 3.

5. Cultivar y compartir nuestros propios tomates

1. El caso en cuestión es «Suray Prasad Sharma Dhungerl contra industrias Godavari Marble y otros», Tribunal Supremo de Nepal, 31 de octubre de 1995.

2. Puede verse un fascinante estudio sobre la leche cruda en Estados Unidos, y en el estado de Vermont en particular, en la tesis doctoral de Andrea M. Suozzo «Pasteurization and its Discontents: Raw Milk, Risk, and the Reshaping of the Dairy Industry», Universidad de Vermont, 2015.

3. El proyecto de Nearing no estuvo exento de críticas. Véase su propia versión y la de su esposa en Scott Nearing y Helen Nearing, *The Good Life*, Schocken Books, Nueva York, 1989.

4. Leah Penniman, *Farming While Black: Soul Fire Farm's Practical Guide to Liberation on the Land*, Chelsea Green Publishing, White River Junction, Vermont, y Londres, 2018.

5. Isabella Tree, *Wilding: The Return of Nature to a British Farm*, Picador, Londres, 2018.

6. Ejemplos los hay en todas partes, pero tomemos un caso especialmente complejo, como es el de la región rumana de Banat. Aquí los investigadores han revelado que «la diversidad etnocultural local ha perdurado durante unos doscientos cincuenta años en el condado de Timis y en toda la región de Banat, sin haber sufrido conflictos ni remodelaciones estructurales profundas [...]. El alma de esta diversidad es la coexistencia, la coparticipación y los intercambios interculturales, junto con la preservación de las identidades locales y la pluralidad regional. Se crean así las condiciones para garantizar la equidad de las autoridades locales en la vida social y para participar en la adopción de decisiones, independientemente de la cultura o la etnicidad». Véanse los datos de Iancu-Constantin Berceanu y Nicolae Popa, «A Sample of

Resilient Intercultural Coexistence in Ethnic Hungarian, Serbian and Bulgarian Communities in Western Romania», *Social Sciences*, 2022, cita en p. 21, disponible en <https://mdpi-res.com/d_attachment/socsci/socsci-11-00320/article_deploy/socsci-11-00320.pdf?version=1658483204>.

7. Nina Lakhani, Aliya Uteuova y Alvin Chang, «Revealed: The True Extent of America's Food Monopolies, and Who Pays the Price», *Guardian*, 14 de julio de 2021, <https://www.theguardian.com/environment/ng-interactive/2021/jul/14/food-monopoly-meals-profits-data-investigation>.

8. Taylor Telford, Kinberly Kindy y Jacob Bogage, «Trump Orders Meat Plant to Stay Open in Pandemic», *Washington Post*, 29 de abril de 2020, <https://www.washingtonpost.com/business/2020/04/28/trump-meat-plants-dpa>.

9. Nina Lakhani, «Trump officials and meat industry blocked life-saving COVID controls, investigation finds», *Guardian*, 12 de mayo de 2022.

10. Véase la página de Edible Cutteslowe en Facebook.

11. Elizabeth A. Harris, «The Museum Is Closed, but It's Tomato Man Soldiers On», *The New York Times*, 17 de mayo de 2020.

12. Véase «Le dernier combat d'André Béranger à la Villeneuve», Plateforme Globale pour le Droit à la Ville (PGDV), <https://www.right2city.org/fr/news/andre-berangers-last-battle-in-the-villeneuve>.

13. «"Lagos shows how a city can recover from a deep, deep pit": Rem Koolhaas talks to Kunle Adeyemi», *Guardian*, 26 de febrero de 2016.

14. Leah Penniman, *Farming While Black*, *o. cit.*

15. Véase Assemble, «Granby Four Streets 2013», <https://assemblestudio.co.uk/projects/granby-four-streets-2>.

16. Véase Assemble, «Granby Workshop 2015», <https://assemblestudio.co.uk/projects/granby-workshop>.

17. Nathalie Pettorelli, Sarah M. Durant y Johan T. du Toit (eds.), *Rewilding*, Cambridge University Press, Cambridge y Nueva York, 2019.

18. *Ibid.*

19. National Research Council, *The Public Health Effects of Food Deserts: Workshop Summary*, National Academies Press, Washington, 2009.

20. «"The Pharmacist will see you now": Use community pharmacists differently to reduce pressures on GPs», nota de prensa, Universidad de Bath, 12 de julio de 2023.

6. Optar regularmente por la «comida étnica»

1. Michael Walzer, *On Toleration*, New Haven, Yale University Press, 1999.

2. Véase, por ejemplo, Michelle Alexander, *The New Jim Crow: Mass Incarceration in the Age of Colourblindness*, Penguin, Londres, 2019.

3. Department for Digital, Culture, Media & Sport, y Nadine Dorries, «New Poll Finds 7 in 10 Adults Want Social Media Firms to Do More to Tackle Harmful Content», 12 de julio de 2022, <https://www.gov.uk/government/news/new-poll-finds-7-in-10-adults-want-social-media-firms-to-do-more-to-tackle-harmful-content>.

4. Ernest Gellner, *Nations and Nationalism*, New York University Press, Nueva York, 1998.

5. Nicholas Sambanis, «Ethnic Partition as a Solution to Ethnic War: An Empirical Critique of the Theoretical Literature», Banco Mundial, 21 de junio de 2013.

6. Véase su ensayo «Outlaw Women: An Essay on *Thelma and Louise*», reed. en Dan Danielsen y Karen Engle (eds.), *After Identity*, Routledge, Nueva York y Londres, 1995.

7. Véase Keir Monteith *et al.*, «Racial Bias and the Bench: A response to the Judicial Diversity and Inclusion Strategy (2020-2025)», Universidad de Mánchester, noviembre de 2022.

8. A escala global, en 2015, la opinión pública estaba dividida: aproximadamente un tercio de la población declaraba que la inmigración debía aumentar, otro tercio opinaba que debía permanecer igual y otro tercio defendía que debía disminuir. Véase «Opinión pública

sobre la migración», Portal de Datos Mundiales sobre la Migración, actualizado el 13 de abril de 2021, <https://www.migrationdataportal.org/es/themes/opinion-publica-sobre-la-migracion>.

9. Puede verse una magnífica exploración sobre el tema en James Attlee, *Isolarion: A Different Oxford Journey*, Black Swan, Londres, 2009.

10. Craig R. Whitney, «Rightists Play Immigrant Card in French Town», *The New York Times*, 16 de junio de 1995.

11. Véase James D. Fearon y David D. Laitin, «Explaining Interethnic Cooperation», *American Political Science Review*, vol. 90, n.º 4, diciembre de 1996, pp. 715-735.

12. Judith Tendler, *Good Government in the Tropics*, Johns Hopkins University Press, Baltimore, Maryland, 1997.

13. Prerna Singh, *How Solidarity Works for Welfare: Subnationalism and Social Development in India*, Cambridge University Press, Cambridge, 2016.

14. Véase la descripción de Laidre en «The Social Lives of Hermits», *Natural History*, <https://www.naturalhistorymag.com/features/122719/the-social-lives-of-hermits>.

15. Thomas C. Schelling, «Models of Segregation», *The American Economic Review*, vol. 59, n.º 2, pp. 488-493.

16. Véase su capítulo en Jack M. Balkin (ed.), *What "Brown v. Board of Education" Should Have Said*, New York University Press, Nueva York, 2001.

17. *Ibid.*, p. 199.

7. Inculcar todo esto desde temprana edad, en torno a los tres años

1. Véase el potente discurso de Kimberly Jones «The Social Contract Is Broken!», YouTube, 2020, <https://www.youtube.com/watch?v=xmCmdM5HCTc>.

2. Véanse los datos presentados en Jaime Saavedra, Sheena Fazili, Yi Ning Wong, Koen Geven y Marie-Helene Cloutier, «Nuevos datos sobre alfabetización ponen en evidencia la crisis del aprendizaje», Ban-

co Mundial Blogs, 16 de mayo de 2023, <https://tinyurl.com/4duuentf>.

3. Conversación por correo electrónico, 3 de julio de 2023. Véase su obra *A School Built on Ethos: Ideas, Assemblies and Hard-Won Wisdom*, Crown House Publishing, Carmarthen, 2021.

4. Reggio Children, «Reggio Emilia Approach: Timeline», <https://www.reggiochildren.it/reggio-emilia-approach/timeline>.

5. Véase <https://www.remida.org>.

6. Véase Dan Olweus, Susan P. Limber *et al.*, *Olweus Bullying Prevention Program Teacher's Guide*, Hazelden, Center City, Minnesota, 2007.

7. *Ibid*, p. 89.

8. Vea Vecchi, *Art and Creativity in Reggio Emilia: Exploring the Role and Potential of Ateliers in Early Childhood Education*, Routledge, Londres y Nueva York, 2010, p. 53 (trad. esp.: *Arte y creatividad en Reggio Emilia: El papel de los talleres y sus posibilidades en educación infantil* trad. Pablo Manzano Bernárdez, Madrid, Morata, 2013).

9. *Ibid.*

10. The Ethics Centre, «Big Thinker: Martha Nussbaum», 22 de agosto de 2017, <https://ethics.org.au/big-thinker-martha-nussbaum>.

11. Véase <https://www.makespaceforgirls.co.uk/case-studies/vienna>.

12. Véase la descripción en Sondra R. Herman, «Dialogue: Children, Feminism, and Power: Alva Myrdal and Swedish Reform, 1929-1956», *Journal of Women's History*, vol. 4, n.º 2, otoño de 1992, pp. 82-112.

13. Véase la página de Koop Adventure Play en Facebook.

14. Mariana Brussoni *et al.*, «What is the Relationship between Risky Outdoor Play and Health in Children? A Systematic Review», *International Journal of Environmental Research and Public Health*, vol. 12, 8 de junio de 2015, <https://pubmed.ncbi.nlm.nih.gov/26062038>.

15. Véase Wendy Russell, «Sharing Memories of Adventure Playgrounds», véase el vídeo del juego en acción en YouTube, 28 de enero de 2017, <https://www.youtube.com/watch?v=sQVWRb4SSdc>.

16. Parafraseando al antropólogo Clifford Geertz, cuyo célebre ar-

tículo sobre el «juego profundo» tomaba prestada la idea del filósofo Jeremy Bentham. Básicamente, el juego era «profundo» porque la apuesta era tan elevada que ningún agente racional estaría dispuesto a jugar. Tal vez esta sea la clave para entender por qué aún no se ha producido una reforma masiva y profunda de la educación. Véase su ensayo «Deep Play: Notes on the Balinese Cockfight», en *The Interpretation of Cultures*, Basic Books, Nueva York, 1973.

17. Eberhard Fuchs y Gabriele Flügge, «Adult Neuroplasticity: More Than 40 Years of Research», *Neural Plasticity*, 2014, <https://www.ncbi.nlm.nih.gov/pmc/articles/PMC4026979/pdf/NP2014-541870.pdf>. Uno de los primeros en demostrar la neuroplasticidad tanto en cerebros de animales jóvenes como adultos fue Mark Rosenzweig, cuyo trabajo sentó las bases de gran parte de la investigación que se realiza actualmente en este ámbito. Puede verse asimismo una extraordinaria aunque controvertida descripción personal en Norman Doidge, *The Brain That Changes Itself*, Penguin Books, Londres, 2008.

18. Véase <https://centerhealthyminds.org>.

Conclusión

1. Parte de su trabajo se publicaría finalmente en Jonas Salk y Jonathan Salk, *A New Reality: Human Evolution for a Sustainable Future*, City Point Press, Stratford, Connecticut, 2018.

2. Joel Hellman, «Winners Take All: The Politics of Partial Reform in Post-Communist Transitions», *World Politics*, vol. 50, n.º 2, enero de 1998, pp. 203-234.

3. Tucídides, *Historia de la guerra del Peloponeso*, Libro III.

ÍNDICE ANALÍTICO